学习高手的
三驾马车

李晓鹏◎著

光明日报出版社

图书在版编目（CIP）数据

学习高手的三驾马车 / 李晓鹏著. -- 北京：光明日报出版社，2015.7（2025.3重印）

ISBN 978-7-5112-8164-7

Ⅰ. ①学… Ⅱ. ①李… Ⅲ. ①中学生－学习方法 Ⅳ. ① G632.46

中国版本图书馆 CIP 数据核字 (2015) 第 066601 号

学习高手的三驾马车
XUEXI GAOSHOU DE SANJIA MACHE

作　　者：李晓鹏	
策　　划：双螺旋文化	
责任编辑：杨　茹	责任校对：傅泉泽
特约编辑：唐　浒　刘涵之	责任印制：曹　净
装帧设计：蒋宏工作室　郭朝慧	特约技术编辑：张雅琴　黄鲁西

出版发行：光明日报出版社
地　　址：北京市西城区永安路106号，100050
电　　话：010-63169890（咨询），010-63131930（邮购）
　　　　　010-63497501，63370061（团购）
传　　真：010-63131930
网　　址：http://book.gmw.cn
邮　　箱：gmrbcbs@gmw.cn
法律顾问：北京市兰台律师事务所龚柳方律师

印　　刷：固安兰星球彩色印刷有限公司
装　　订：固安兰星球彩色印刷有限公司

本书如有破损、缺页、装订错误，请与本社联系调换，电话：010-63131930

开　　本：145mm×210mm			
字　　数：120 千字		印　　张：8.5	
版　　次：2015 年 7 月第 1 版		印　　次：2025 年 3 月第 8 次印刷	
书　　号：ISBN 978-7-5112-8164-7-01			
定　　价：38.00 元			

版权所有　翻印必究

开场白

    本书的主人公名叫李大鹏,名字和作者只差了一个字。聪明的读者可能会想:李大鹏不就是李晓鹏的化身吗?对于这个问题,我只能说:到底是不是,看完你就知道了。

    李大鹏今年27岁,跟李晓鹏同龄,都是在读博士,中考高考考研考博成绩都非常优秀,是不折不扣的考试高手,还从事了多年学习方法的研究、演讲和实践。2009年的时候,他被安排到自己的故乡胡州市挂职锻炼半年,担任胡州市副市长。所谓的"博士生挂职锻炼",就是在政府部门临时担任一个职务,以锻炼和提高他们的社会实践能力。

    正巧在这个时候,他表姐18岁的女儿赵璐只剩三个月就要参加高考了。李大鹏在挂职锻炼之余,每周还要去辅导赵璐的学习。

赵璐是个性格直爽、活泼可爱的女孩，但是学习成绩很差，提起学习就头痛，虽然每天都被她妈妈逼着关在屋里学习，却始终看不到进步。在辅导过程中，李大鹏用最亲切最简单的语言和赵璐沟通，在一种非常轻松愉快的气氛中，他一步一步引导着她慢慢进入学习的正确状态，消除她对学习的逆反心理和痛苦体验。最终在这三个月内，赵璐的考试成绩提高了一百多分，从以前的上二本都有困难，到被一所重点大学录取。

李大鹏按照方法从易到难、重要性从高到低、知识掌握程度从基础到系统的思路，向赵璐传授了提高学习成绩最核心的几个秘密。

这几个方法，是李大鹏自己从小学到博士二十多年学习经验的总结，也是他在八年的学习方法研究和演讲过程中，对许许多多优秀教师、学习专家、高考状元和其他高考成功者的经验的总结。

在本书的写作过程中，有些很具体的东西，比如辅导赵璐做习题的具体过程，由于并不适合其他学习阶段的同学阅读，就被省略掉了。保留下来的东西，任何层次的学习者都可以轻松看懂，而且可以用于自己的学习实践。

如果你觉得方法太多记不住，那么尽量记住前面几个方法，因为越靠前的东西越重要。如果你只想记住一条，那么请记住第一条。

同样,如果你把第一条用好了,再用第二条,循序渐进。

现在,让我们从头开始,回到2009年的4月。

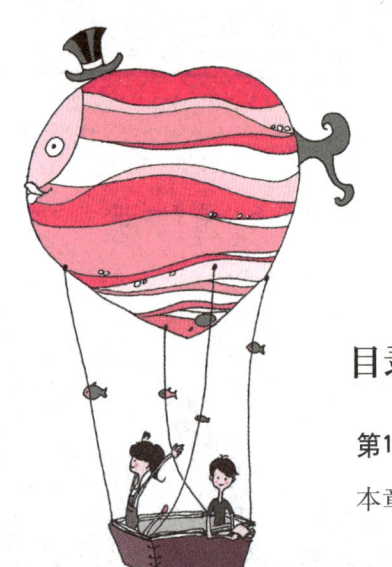

目录

第1章　越变越短的学习方法　8

本章学习卡片：学习方法的长与短　16

第2章　学习的第一原则：从简单的地方开始　18

2.1　一支火箭　20

2.2　第一课　22

2.3　一个月提高20分的方法　29

2.4　学习方法的祖宗　34

本章学习卡片：学习的第一原则　41

附录1　记笔记的三大原则　44

第3章　世界上最有效的"记忆术"　48

3.1　提高记忆力最需要做什么　50

3.2 记忆方法实战教学1：诗词背诵 57

3.3 记忆方法实战教学2：历史知识 62

3.4 记忆方法实战教学3：数学公式 75

3.5 彻底理解 82

本章学习卡片：不理解，无记忆 87

本章思考题 90

附录2 三角函数公式的记忆规律 91

第4章 学习的第二原则：把握规律，系统学习 98

4.1 从大到小 100

4.2 《雨霖铃》的规律 107

4.3 万事开头难：梳理知识规律的第一步 113

4.4 如何找到"语感"：语文和英语学习的特殊策略 123

4.5 系统学习实战教学：英语文章的理解与背诵 131

本章学习卡片：把握知识的内在联系是学习的第二原则 140

本章思考题 143

第5章 "方法多,时间少"的解决方案 144

5.1 不同的分类方法 146

5.2 按照不同的水平规划学习任务 151

5.3 向效率要时间 158

5.4 看书也有讲究 165

本章学习卡片:从哪里开始学习最合适 170

附录3 时间管理的重要原则 172

第6章 解题的规律 184

6.1 图解作文写作过程 186

6.2 关于作文思路的深入探讨(选读) 196

6.3 英语作文也一样 203

6.4 解题规律举例:物理例题 212

6.5 解题规律举例:数学运算 217

6.6 解题规律举例：哲学原理 225

本章学习卡片：梳理解题思路 234

本章思考题 238

附录4 本章数学例题的二元一次不等式解题思路 239

第7章 学习的第三原则：贵精不贵多 242

7.1 新问题和老问题 244

7.2 李大鹏的英语经 246

7.3 贵精不贵多 251

7.4 举一反三：读书的三个境界 254

7.5 学习方法的三个境界 258

7.6 尾声 260

附录5 全书总复习 263

后记 266

第1章
越变越短的学习方法

本章设问：

　　1. 是应该用一种方法来学习所有的知识，还是以不同的方法来学习不同的知识？

　　2. 用一种方法来学习，遇到一些特殊问题没法解决；用很多方法来学习，脑子就变得更乱了。这个矛盾有办法解决吗？

李大鹏已经27岁了，报纸电视都上过，对于记者采访他早就习以为常。不过今天这一次采访，实在有点非同寻常。

　　采访的地点是一间干净的小屋，摆着漂亮的小床和洁白的书桌。明亮的灯光下，可以看到墙上花花绿绿的，贴着一些男女明星的海报。他面带笑意地看着面前这个正襟危坐、长头发、大眼睛的美女记者，看着她伸出一双白白净净的小手，"啪"一下，把调到"录音"状态的MP3放到桌子上，然后一手拿本一手拿笔，问道："可以开始了吗？"

　　"好吧，可以开始了。"李大鹏耸耸肩。

　　"嗯，咳，咳——"赵璐清了一下嗓子，"李大鹏博士，非常荣幸您能接受我们胡州中学广播站的采访。我是胡州中学广播站高三（五）班的记者赵璐。您是国内知名的学习方法专家，也是我们胡州中学的杰出校友，在这里度过了难忘的三年高中生活。这次阔别多年之后重返母校，你有什么想对母校的弟弟妹妹们说的吗？"

　　"首先，咳……"李大鹏也学着清了一下嗓子，看到赵璐瞪了他一眼，连忙把第二声咳嗽给咽了回去。"我没有阔别多年，去年寒假刚回来过。其次，这次我没有回母校，这不是在你家里吗？"

　　赵璐一听就不干了："老叔！你老老实实接受我采访嘛。请认真回答我的问题！"

"我挺认真的嘛。老叔不是一直教导你,说话做事要诚实吗?我明明去年刚回来过,你非要说我阔别多年……"李大鹏半开玩笑地为自己辩解着。看到赵璐一脸的不屑,他又换了一种解释:"你们列的采访提纲我看了,那都是些无聊的问题。我回头把答案写出来交给你就行了,还省得你整理。你就别采访了,我跟你聊点有趣的话题吧。"

"好吧。你说,什么有趣的话题?"

"嗯……比如说,你这次考试为什么又没考好?"

"天哪,这叫有趣的话题?"赵璐一脸崩溃的表情,"肯定是我妈让你问的,对吧?"

"那你知不知道为什么你妈要让我问你?"

"为什么?"

"因为你这次考试又没考好。要是考好了,不就什么事都没有了吗?"

"……"

"你老叔这几年忙着写书演讲,向那么多中学生介绍学习的方法,却连自己的亲侄女都给忘了,没有好好地指导过你的学习。你妈不知道跟我抱怨过多少次。我每次都跟你妈说,老姐,你别着急,好东西我都给璐璐留着呢——一般人我不告诉他。"

"什么好东西?"赵璐急切地问。

"这个嘛,说来那就话长了。"李大鹏故作神秘地喝了口水,歇了一会儿才说,"你知道你老叔讲学习方法都讲了多少年了吗?八年了!你想八年有多长?八年前,你还啥都不懂在满地爬呢。现在都长这么大了……"

"胡说!八年前我都小学五年级了。你才上小学的时候还在满地爬呢。"

李大鹏笑着点点头,不理会赵璐的批驳,继续说道:"反正是很长的时间了。这八年里面,我其实只做了一件事:把学习方法变得越来越短。知道什么叫变得越来越短吗?"

"不知道。"

"我刚开始给大家讲学习方法的时候,演讲的标题叫《学习方法的三十六计》,要讲 36 种方法。后来发现太多了,讲完之后大家啥都记不住,于是改成了《学习进步的十八般武艺》。这不就变短了吗?

"但我很快就发现,18 种方法还是太多了。于是,我又把一些不太常用的方法去掉,把一些类似的方法合并,用了足足两年时间,才压缩成了'高效学习的七种武器'。

"这下还剩七条,大家能记得住了,但是用起来还是觉得很麻烦。于是,我又用了三年的时间,提炼出了'学习高手的三驾马车'。

"这下大家不仅能记得住,而且用起来也很方便了。照理说这回应该不错了吧,但还是有人不满意。去年我在深圳演讲的时候，就有一个家长问我：你能不能再提炼提炼，压缩成一条就好了，名字嘛，可以叫'成绩飙升的一支火箭'！"

"哈哈哈哈，这个家长也太贪了吧？还火箭？还一支？"

"我当时就跟他说：这个不太可能。学习是个很复杂的东西，我总结出三点已经是达到极致了，不可能再压缩了。但是——就在几个月前，我突然发现我错了！"

"你怎么错了？"

"我发现，那个家长的想法是对的，错的是我！我已经找到了那'一支火箭'，也就是提高学习成绩最后的秘密，只要一招，只要做一件事就行了。这一招我想了八年才想明白。只要你学会了这一招，保证学习成绩突飞猛进，以后再也不用担心你妈收拾你了。"

"啊！啊——"赵璐尖叫起来，站起来就朝李大鹏扑过去，双手掐住他的脖子乱晃，"老叔你快告诉我，告诉我。"

李大鹏的脑袋被摇得左晃右晃，心里却很得意：这一段精心设计的独白效果不错，成功地把赵璐的胃口给吊了起来。接下来，就可以顺理成章地开始教她学习方法，不用担心她不爱听了。

可惜，人算不如天算。就在这个时候，房门开了，赵璐的妈妈走了进来。她是被刚才的尖叫声给引过来的，进来时正好撞见赵璐的手从李大鹏脖子上缩回去，皱着眉头说："赵璐，你又在干啥？我让表叔给你讲讲学习方法，你怎么不好好听，还在跟表叔胡闹？"

赵璐一看见妈妈，马上就蔫了，刚才那股热情劲立即无影无踪，只是撇着嘴不说话，一脸不服的表情。李大鹏看到这个光景，心里凉了半截：前面的努力估计是要白费了。他笑着说："姐，没事，我在给璐璐讲学习方法，把她给讲高兴了。"

"讲学习方法能让她高兴成这个样子？"赵璐的妈妈一脸的不相信，"我只见她爸给她买周杰伦演唱会门票的时候她这么兴奋过。对吧，赵璐？"

"我爸给我买演唱会门票怎么了？他愿意给我买，关你什么事，又不是你买的！还没有买的时候你就开始说，都过去半年了你还在说，你烦不烦？！"赵璐说完，干脆转过身去，拿起MP3的耳机把耳朵堵上。

李大鹏见势不妙，赶忙出来打圆场，好说歹说把赵璐给劝了出去，又转过身来安慰了赵璐半天，才让她慢慢回转过来。不过，给她讲学习方法的计划，算是彻底泡汤了。

吃完午饭，李大鹏走出赵璐家，坐公交车去市政府开会。他是教育学博士，这次回胡州市来挂职锻炼半年。胡州市是一个县级市，博士到地方政府挂职享受副县级待遇，所以分配给他的职务是分管教育的副市长。趁着挂职锻炼的机会，他就利用周末到赵璐家里来给她辅导功课，也算是报答一下当年表姐和姐夫给自己的帮助。

赵璐的爸爸赵坤原来是一家国有企业的胡州分公司负责人，半年前刚调到省城工作。赵璐的妈妈——也就是李大鹏的表姐王敏，是市医院的外科医生。这在当地算是一个比较富裕的家庭了，一家人住在市区外围的一个高档住宅区里。小区离胡州中学很近，步行去上学都没有问题。李大鹏上高中的时候在他表姐家里住了三年，所以感情甚笃。

不过也许正因为这个缘故，璐妈妈老是拿高中时李大鹏的表现来要求赵璐。她这个表弟当年确实又听话，学习又好，几乎每次考试都是第一——而且是全胡州市的排名。再回头来看自己的女儿，不要说全市排名，跟她同桌比都只能排第二。那真是又不听话学习又糟糕，还喜欢乱花钱，所以免不了着急上火，时不时地收拾她几次，搞得母女关系一直都挺紧张。果然，第一次辅导就被搅黄了。坐在公交车上，想着自己任重道远，李大鹏心里并不轻松。

学习方法的长与短

1. 书应该越读越薄,学习的方法应该越用越少

把握几个最简单但最有效的原则,然后去应对变化无穷的知识,这才是我们掌握学习的方法。

如果每学习一个新知识,都要去研究新的学习方法,那么,这样的方法其实没有什么太大的用处。这就是为什么李大鹏要把学习方法从"三十六计"压缩到"七种武器"、"三驾马车"的原因。至于它的名字应该叫"武器"、"马车"还是"火箭",并不重要,重要的是容易理解和方便实用。

2. 一切教育和学习,都要以能够被理解为前提

如果老师讲授的东西学生听不懂、拒绝听,那么强行灌输是没有用的。不仅没有用,甚至可能还有反作用。李大鹏之所以没有一上来就开始正儿八经地讲学习方法,就是力求先激起赵璐的好奇心,让她能够有兴趣听,有意愿去掌握。

我们在和别人沟通的时候,即使我们的意见是正确的,也要努力找到让别人理解和接受的表达方式,而不是强行灌输。我们自己在学习的时候,不管什么样的知识,都要努力通过理解去掌握,而不是死记硬背。

第2章
学习的第一原则:
从简单的地方开始

本章设问:

1. 做难题是强化训练,效率最高,所以只有不断挑战高于自己水平的题目,才能不断进步。你认为这种说法有道理吗?

2. 是应该模仿别人的学习方法,还是让每个人去摸索属于自己的独特的学习方法?如果自己摸索,太辛苦,也容易走弯路。可是介绍学习方法的人,基础和我不一样,性格和我不一样,年龄和我不一样,环境和我不一样,智商和我不一样,兴趣爱好和我不一样,怎么样才能把别人的好方法变成适合自己的好方法呢?

2.1 一支火箭

第二个周末很快到了。李大鹏白天都在忙于处理各种行政事务，吃了晚饭才去赵璐家。他已经想好了新的谈话策略，想要重新激起赵璐对学习方法的兴趣。一路上，他无数次祈求菩萨保佑，别让赵璐她妈再给搅黄了。

事实证明，他所有的准备和担心都是多余的。因为赵璐一见他就上来问："老叔，你上次给我讲的那个'一支火箭'到底是什么？你快告诉我吧。"

"什么'一支火箭'？你在说什么，我怎么记不得了？"

"哎呀，老叔！"赵璐撒娇地推了李大鹏一把，"你上回自己说的，你有什么学习方法的'三十六计'，又给压缩成了什么'七种武器'，然后是'三驾马车'，最后不是总结成了'一支火箭'了吗？"

"喔，是这个呀。你为什么想听'一支火箭'，不想听'三十六计'呢？"

"'三十六计'那么多，谁记得住啊？"

"'一支火箭'你就记得住了？"

"那当然。"

"呵呵，火箭也有简单和复杂的区别。一种是现代化的火箭，构造很复杂。还有一种火箭，是古代的，构造很简单，就是在箭的下面绑上一个圆形的火药筒，拿一根引线把火药点燃，'嗖'

的一声，这支火箭就能飞出很远很远。"

"嗯，知道。"

"知道就好。我要跟你讲的，也有两种火箭。一种是古代的火箭，简单方便，见效又快。例如有的同学还有一个月就要参加中考、高考了，我就教他这种简便方法，一个月的时间立马儿就可以提高30~40分。

"但是这种方法没有什么后劲，用完了就完了，也不可能提高更多了。所以如果有一年或者半年的时间，我就要教他用现代化的火箭。这个学习方法就要稍微复杂一点，见成效的时间也长，但是力量大、后劲足，可以提高很多很多，基本都在100分左右。

"但是你现在只剩三个月了，不短不长的，你说你想让我教你哪种学习方法？简单的还是复杂的？见效快的还是时间长的？"

"我要简单的！"赵璐想都没想就回答，之后又有点迟疑，想了一会儿，又说，"哎呀，不行，我要复杂的。"

"到底要哪种？"

"复杂的，复杂的，还有三个月嘛。"

"嗯？那好吧，可是这些东西一般人至少需要半年才能见成效，你只有三个月，那就要比别人吃更多的苦，费更大的劲，你吃得消吗？"

"嗯……天……"赵璐仰着头想了半天,一副左右为难的样子。过了一会儿,她突然笑嘻嘻地说:"这样吧,老叔。你先教我简单的,我看看效果怎么样。要是不是很难,你再教我复杂的。好吧?"

　　"你想得倒挺美。嗯……好吧。"李大鹏低着脑袋想了一会儿,"那我们现在开始第一课。"

2.2 第一课

　　赵璐一听她老叔说要开始讲课,就变得认真起来,从书包里翻出笔记本,拿着笔埋起头准备开始记笔记。

　　等了很久,也没听见声音。

　　她抬起头来,看见李大鹏跷着二郎腿坐在那里,漫不经心地笑着,没有要讲课的意思。她又拿笔捅了李大鹏的膝盖一下:"你干吗,还不快给我讲课?"

　　"我是打算讲课,可是我见你埋着头,以为你不想听呢。"

　　"胡说。我这是在记笔记,你看不出来?"

　　"你以前听课也是这样?老师一开讲你就埋着头开始记笔记?"

　　"对呀。"

　　"不行,不行,你这种习惯是错误的。"李大鹏摇着头说,"听我讲课不用记笔记。你要记住,听课是第一位的,记笔记只是辅助手段。先要抬起头认真听讲,只有听到重点,或者某句对你特别有启发的话时,你才记下来;而且要记得简单明了,不能因为埋头写字耽误了听课,懂吧?现在先把笔放下,抬起头来看着我,就像你以前跟我说话一样。嗯,就这样,对了。

"我先跟你讲一件我亲身经历的事吧。八年前,那个时候我才大学一年级,还没有开始做学习方法的研究和演讲。我第一次去做家教,给一个高一的孩子补课,教他数学。那是在寒假,我主要给他补习高一的数学,为他高二的学习打下基础。那个家伙叫王军,是个又高又大的男生,数学每次都只能勉强及格。由于那是我第一次做家教,所以我使出浑身解数,认真负责地给他讲题,辅导他的功课,每天两个小时,整整一个寒假。结果第二学期开学以后的入学考试,你猜他的数学成绩提高了多少分?"

"30分?"

"不对。"

"40分?"

"不对,不对,往低了猜。"

"20分?"

"不对。"

"10分?"

"还是不对。"

"那是多少嘛?"

"不仅没有提高,反而下降了10分。以前还能勉强及格的这回只考了55分！"

"你真行。"

"嗯！咳，咳——"李大鹏故作不满地咳了两声，"我分析了一下原因，主要还是在于我的方法不对，急于求成。有些很简单的题目，我一眼看过去就知道答案，觉得都没有讲的必要。有时候跟他讲两道简单的，他马上就说：'嗯，对对对，我知道了。'搞得我没有一点成就感。于是，我就专挑后面那种大题难题给他讲，我自己讲着也很舒服，他听得也很认真，听了很多遍都听不懂，我就反复给他讲解。我心想：你看，通过这样一道大题，就把很多很多的知识都给串起来了，多有效率啊。不像那些简单的题目，只关系到一个很小的知识点，没意思。

"但问题是，他的数学水平离解决那种复杂的大题还差得很远。我讲了很多遍，他才勉强把解题的步骤给记住了，其实只是暂时记住了，心里根本没有真的理解，一回头马上又忘了。

"结果，他就知道寒假作业里面的难题他都会做了，还到处打电话给他那些哥们炫耀。其实他啥都不会,反而把思路搞乱了，连以前会做的一些简单的题目都跟着弄混了，所以开学考试反而没有以前考的好。

"成绩出来以后，我自己都不好意思，想不干了，让他们另外请别的家教。但是我跟那个男孩子，还有他的父母关系都处得不错，他们也没有怪我，还说让我继续教。

第2章 学习的第一原则：从简单的地方开始

"于是我就换了一种上课的方式，专门给他讲最简单的题。他开始上新课了，我就打开课本一个点一个点地讲。讲得特别细致，那些公式的推导过程我都要详详细细地给他讲一遍，如果有好几种方法我就每种方法都讲。课后的练习题，我就专挑简单的讲，遇到难的，我就跟他说：'这道题你别管了，以后再说。'

"这样过了也就一个月，再一次考试，他一下就考了75分，比原来的水平提高了十来分，比上次入学考试提高了20分。你知道这是为什么吗？"

"为什么呀？"赵璐问。

"听过揠苗助长的故事没有？"

"听过。就是有个农夫，想他的庄稼长得快一点，就用手去拔，结果把庄稼全都给拔死了。对吧？"

"嗯，对了。这个故事说明什么？"

"说明做事情太快了不好。"

"为什么快了不好啊？你不想一个月数学成绩提高20分吗？"

"呃……这个，嗯……因为，太快了庄稼就死了。"

"你这个答案勉强算对，但还不全面。我再给你算一笔账。你觉得英语单词背起来难不难？"

"当然难呀，我头痛死了！"

"对了，实际上单词是很多人的大难题。那么让你一天背三个单词难不难？比如第一天背 I 是我，YOU 是你，HE 是他，你能不能记得住?"

"这当然记得住啦!白痴才记不住呢。"

"你们从小学三年级就开始学习英语。如果从一开始,你就每天只背三个单词,从 I、YOU、HE 这种最简单的开始。我们每天都能抽出 10 分钟的时间来吧,用 10 分钟来背三个单词应该没问题吧?那么一年 365 天,一年最少可以背诵 1000 个单词。到高中毕业就可以记住 1 万个单词了。但是,我们高考只要求你记住差不多 3000 个单词就行了,算下来,一年 365 天里面,只要三天当中有一天用 10 分钟来背单词就行了。可是,为什么很多人天天都在学英语,每天一两个小时,到了中考高考的时候还是背不了 3000 个单词呢?"

"啊!为什么呀?"

"因为他们都太着急了。每一天都想背很多的单词,超过了自己的记忆能力,反而把脑子里面搞得一团糟,结果什么都没记住。就像跑步,要跑 5000 米,你上来就拿出 100 米冲刺的速度,看起来比谁都跑得快,但是刚跑完 200 米就累得路都走不动了,最后肯定是倒数第一。对不对?

"你看你还剩三个月,其实时间挺长的,三个月可以做很多事情。你想,我给那个高一的男生辅导了寒假一个月,着急上火的,结果他少考了 10 分;后来轻松愉快地用了一个月,却让他多考了 10 分。这两个月要是都轻松愉快地往前走,每科多考个20分,你算一下你能多考多少分呀?"

"100分!天哪,我要是多考100分,那我可就厉害了。哈哈哈哈。"赵璐也跟着激动起来。

"100分想起来很多,其实方法上路了,容易得很。我都见过好多了。按照你现在的水平,三个月提高100分那是稀松平常。"

"谁都行啊?"

"那也不一定,有些成绩好的学生,总共还没有被扣100分呢。分数越高提高得越慢,分数越低提高得越快。不过原理都是一样的——**由浅入深,量力而行,小步快跑,积少成多。**

"对你来说,简单的题目就是那种很简单很简单的基础题。你做多了做熟了,就把基础弄懂了,成绩自然就提高了。像你们班上的张磊,他成绩算是中等偏上,一些在你看来比较难的题目,他做起来就正合适。但要是让他天天去训练国际奥林匹克数学竞赛试题,他可能一道都做不出来,然后三个月后拉他去参加高考,他可能还考不出现在的水平。懂了吧?"

"是吧?那我怎么知道我该做多简单的题才算合适呢?"

"凭感觉。"

"凭……凭……凭感觉?"赵璐瞪大眼睛,有点不敢相信。

"是呀,凭感觉。你自己做起来觉得轻松愉快的题目就是最适合你的;你要是绞尽脑汁死活想不出来,那就别理它了。其他人说的都不算,就你自己的感觉是最好的。等你的水平提高了,你会发现有些以前觉得难的题目，现在也挺简单的了。

"所以不管你现在什么水平，这一着都管用——就是凭感觉！一眼就看出答案来的，不用理它；一眼看过去就头痛，看完题目都不知道在说什么的，这种题目也干脆先别理它。只有那种大概能看出点思路，但是要动点脑筋，在草稿纸上比划比划的，这种题目就要多做，做到熟能生巧。就是这个中间地带，是你能够进步最快的地方。

"这就跟我们吃鱼一样，一眼看出答案的是鱼尾巴，上面没肉，吃着也不香；死活想不出来的题目就好比是鱼脑壳，又硬又难嚼，里面的东西还不好吃。就是中间的鱼身子肉又多又好吃，一口咬下去，吃进去的好东西，比你费死劲啃十口八口鱼头都要多。所以我们肯定要多吃鱼身子，少吃鱼脑袋。就是这种比较简单、又要稍微动点脑筋的题目，做起来有收获，做对了又

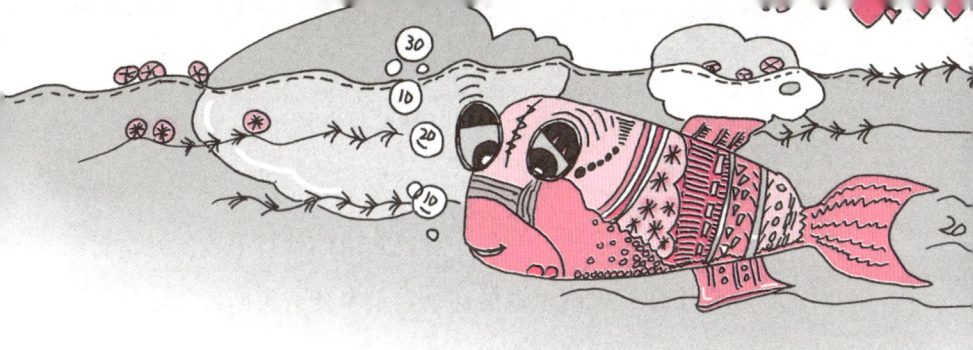

有成就感,越做越爱做,越做越进步。

"这种方法,看起来好像没有做什么很有挑战性的题目,做的都是以前就会的,但每次都能进步一点点,就像滚雪球一样,越滚越大、越滚越快。"

2.3 一个月提高20分的方法

"真有那么灵呀?"赵璐半信半疑地问。

"那当然。我认识一个全国优秀教师,在北京一所很有名的中学教书,也是知名的学习方法专家。有一次我正好跟他在一起做关于学习方法的演讲。他是这样说的:

"'有个母亲来问孩子的数学。她说还有一个月高考了,孩子数学很差,怎么才能快速提高?我就跟她说,我有个方法很简单,只要你照着做了,一个月数学提高个20分没有问题。那个母亲将信将疑。我跟她说你就做两件事情:第一,让孩子把数学考试大纲拿出来,对着知识点想。凡是一看就知道的就打上钩;凡是看了之后完全不知道大纲上说的那个点是个什么东西的,就打上叉。凡是打钩打叉的都不要看,专看剩下的那种看了之后好像知道怎么回事,但是又觉得说不清楚的,把数学书翻出来仔细看上几遍。第二,把前几年的高考题拿出来做一下,凡是会做的不要理它,根本不会的也不要理它,就是感觉好像会做,但是却拿不准的,把它们彻底给拿准了,吃透了,就行了。结果就用了一个月,那孩子数学成绩真的就提高了 20 分。'

"我听了这个故事之后,觉得很惊奇,因为这个老师讲的方法跟我要讲的案例差不多。虽然我们以前不认识,但通过自己独立的摸索,最后总结出来的方法居然一模一样!

"那次演讲结束以后,我跟这个老师交流。他教书都快 30 年了,最先是在一个农村小学教书,因为教得好,被调到了县城里面教初中,然后又到市里面教高中。经过二十来年才到北京来教书的,现在已经成为全国优秀教师了。

"他教过无数的学生,有农村的,有城市的,有很优秀的,也有成绩很差的,有喜欢数学的,有讨厌数学的。但是他总是坚持因材施教的原则,绝不会按照同一个模式来教所有的学生。好的学生就要求高一点,差的学生就要求低一点,反正让他们每一个人都觉得数学题做起来很舒服,既有挑战性又有成就感,但是又不会被难题折磨得痛苦不堪。

"所以，不管是在农村教小学还是到北京教高中，他班上学生的平均数学成绩总是比别人要高。"

"我怎么遇不到这样的好老师呢？"赵璐嘟囔了两句，"我们那个数学老师可讨厌了，就知道喜欢班上那几个数学好的，成天以虐待我们这些学不好数学的为乐。我们都说她是心理有问题。你跟我们校长说说，把我们那个数学老师换了吧。换成他们六班的那个帅帅的男老师，刚刚大学毕业，人温柔课讲得又好。我们全班女生都盼着他来给我们教数学呢。"

"长得帅就讲得好啊？你又没听过他课，怎么知道他讲得好？"

"他们班女生都这么说。"

"那他们班男生怎么说的呢？"

"不知道，没问过——哎呀，老叔！"赵璐又推了李大鹏一把，"你就跟我们校长说一下嘛。你不是副市长吗，校长肯定听你的。"

"哪个老师上哪个班的课，那是学校内部的管理问题，我可不能随便干预。不过要是你想换到六班去上课，我倒可以去帮你说一下。"

"那不行，六班那个班主任可讨厌了。上次大扫除，我不小心把一个塑料袋给扫到六班的卫生区，他就跑过来没完没了地说了我好半天。我看见他就烦。"

"那我就没办法了。"李大鹏摊开双手，故意装出一脸无奈的样子。

赵璐也瞪大眼睛看着李大鹏，一副楚楚可怜的表情。

两人对峙了二三十秒，谁也没说话。

"嗯，咳……咳！"李大鹏清了清嗓子，整理了一下表情，"著名的人际关系学家戴尔·卡耐基曾经说过：你不能改变这个世界，但是你可以改变你自己。你知道这句话是什么意思吗？"

赵璐继续瞪着眼睛，用牙齿咬着下嘴唇很用力地甩头，嘴里发出"嗯，嗯"的声音，表示自己不知道。

"就是说呀，你上学遇到什么样的老师，什么样的同学，这些都不是你决定得了的。像你们班，我看你们班主任还不错，可是数学老师你又不喜欢。六班的数学老师好，但班主任你又不喜欢。这些东西你再怎么烦，再怎么闹，也是改变不了的——走到哪里都总会有你喜欢的和不喜欢的老师。这个就叫：你不能改变这个世界。

"我见过很多很聪明很有前途的孩子，就是因为遇到自己不喜欢的老师而被毁掉的。他就因为讨厌某一个老师而讨厌某一门学科，甚至故意跟这个老师赌气——我就不给你学好，气死你！反正就是想不开，结果把自己给耽误了。你想啊，那个老师你再怎么跟他生气，再讨厌他，他总是在那里，当他的老师。你怎么恨他烦他，对他没有任何损失，他甚至可能根本就不知道你烦他。结果还不是学生自己损失最大——学习成绩大幅度下降，中高考失利，影响了自己一辈子。你说可怕不可怕？

"所以呀，这个该怎么办呢？就是下面半句——你可以改变你自己。'因材施教'是用来要求老师的，但有的老师做不到，所以学生就要自己学会'量力而行'。知道自己现在有几斤几两，是个什么水平，按照刚才我跟你说的——凭……凭……凭什么？"

"凭感觉！"赵璐扯着嗓子喊了一句。

"对，对，凭感觉。遇到适合自己的好老师了，咱要跟着他学；遇到实在没法适应的老师，也不能自暴自弃，跟老师斗气，对吧？咱要根据自己的水平来学习。比如有一年浙江省的文科状元，她毕业于一所刚开办两年的民办中学。学校的第二名每次都比她少考个一百多分，她班上的老师也不能说按照她的水平来上课——这样其他同学就没法学了。所以她高三复习的时候，老师布置的作业或者发的试卷，如果她觉得太简单的，都可以不做，她自己找一些难一点的题目来做。"

"哇噻，那也太酷了吧。"

"嗯，确实比较酷。反过来说，如果有一门科目特别特别差，根本跟不上老师的进度了，那么我建议这个同学可以直接去跟老师说明情况，有些作业中的难题可以不做，多做一些简单一点的题。与其很痛苦地去解决一些自己水平根本达不到的题目，还不如多花点时间回过头去把以前的基础打牢。只要自己把分寸掌握好了，老师的讲课水平有时候跟你的理解能力或者说兴趣不一致，照样可以把这门科目学得很好的。明白了吧？"

"嗯，明白了，那我明天就开始自学数学，再也不理我们那个数学老师了。"

"No，No，No，这可不行。天理良心，我可没有教你再也不理你们数学老师了——我一向很尊师重道的。而且我也没让你自学。她上课你还是要认真听，该怎么记笔记还怎么记。我是跟你说，在你的课堂以外的其他时间，你不要因为你们老师的缘故跟数学过不去。如果你的数学老师批评你批评得不对，你也不要往心里去，按照自己的数学水平一步一步来就对了。"

"好了，好了，知道了。就是看书挑简单的看，做题挑简单的做，对吧？我已经记住了，你再给我讲点别的吧。"

李大鹏听了点点头，然后又把两手一摊，说："别的？别的没有了。"

2.4 学习方法的祖宗

"啊，没有了。怎么会没有了？你这个大专家大博士大市长的学习方法就这么点呀？"

"你不是让我给你讲'一支火箭'么？这就是'一支火箭'。我已经讲完了。"李大鹏转过身去，拿起旁边的矿泉水喝了起来，作出一副漫不经心的样子，好像已经准备好要收工回家一样。

"这就是'一支火箭'？"赵璐眼睛瞪得比以往任何一次都大,"你那个什么武器、什么马车总结过来总结过去就总结出了这个？"

"对！"李大鹏喝完了水,满脸笑容地转过身来,得意洋洋地点着头说,"你知道为什么我那个什么武器,什么马车最后都要归结到这一条上来吗？"

"你归纳的,我哪里知道。我要是知道我就不是赵璐了,我就是赵大璐了。呵呵呵。"

"嗯,嘿嘿,"李大鹏也被赵璐这句俏皮话逗得忍不住一笑,"这第一个原因嘛,其实你已经知道了,就是因为它见效最快,一用就灵,而且还不太费劲。第二嘛,是因为它可以称为所有学习方法的老祖宗。"

"什么？学习方法还有老祖宗？"

"当然,你有没有听说过一句话叫'万变不离其宗'？学习方法那么多,变来变去都离不开它,它不是老祖宗谁是老祖宗？我研究了这么多年学习方法,读了无数关于这方面的书,自己还出了两本,认识了很多教了几十年书的优秀教师,还有什么专家呀高考状元呀那就更多了。说来说去,不管什么方法,只有符合我这'一支火箭',才能真的管用；只要不符合我总结的这'一支火箭',最后肯定不顶用。嗯……我给你举个例子。

"我以前写过一本书,里面有一部分介绍我提高作文成绩的经验。我说,我在高考的最后关头,突击背诵了余秋雨的《文化苦旅》里面的一些优美文段,找到了写作的感觉,作文成绩迅速提高。"

"《文化苦旅》是本什么书呀?"

"你先别问,听我接着往下讲。这本书出版以后,我就收到很多读者来信,问跟你差不多的问题:《文化苦旅》是什么书啊?在哪里有卖啊?余秋雨还写了《山居笔记》、《千年一叹》,可不可以也背呀?等等等等。还有一个读者给我写信说他已经买到《文化苦旅》了,但是不知道该背哪些文段,让我给他一个我当年背诵的文章段落的清单,他好照着背。"

"晕,那你给他列了清单没有哇?"

"我才没给他列呢,我吃饱了撑的?我以前背过的文段,他不一定会喜欢,勉强背了也不一定能体会到里面的好处,对提高作文成绩也不会有什么帮助。我当时背《文化苦旅》,首先是因为我喜欢读它,然后挑出我最喜爱的文段出来背。也就是说感觉出来了,觉得这种文笔很适合我,所以我才背它。如果感觉没有到位,并不喜欢里面的文章,即使强迫自己去死记硬背,也写不好作文。如果有人平时的写作风格和《文化苦旅》的风格完全两样,那么他这样死记硬背的结果,可能是作文水平比以前更差了。

"所以,我这个提高作文的方法虽然好,却一定要符合我的'一支火箭'的标准才管用。要背可以,背什么文章呢?不应该来问我,应该问自己。挑自己觉得简单的,挑自己能看懂的,挑自己喜欢的,这就是最好的。简单、能看懂,你才知道自己背的这篇文章好在哪里,将来写作文的时候才能用得上。"

李大鹏一口气说了这么多话,说得有点兴奋,猛喝了一口水,不等赵璐开口,又接着说起来:

"再比如,我给你说一个学英语的例子。英国有一种英语水平考试,叫雅思,你听说过吗?其他国家的人要想去英国留学,都要参加这个考试。有很多大学生都去考,总分是9分,大部分人都只能考5、6分。我也去考过,考了7分,已经算是很高的。但是咱们国家有史以来的雅思最高分却被一个初三的女孩给考出来了,考了9分满分。这个女孩也没有出过国,就是自己学习英语,结果学得比很多英语专业毕业的大学生还要好。

"有人研究她学习英语的方法,其中有一点:她平时喜欢看英语原版小说。她觉得看原汁原味的英语名著最能提高阅读水平。她不喜欢读那些简写版的英文小说——就是专门把单词改得很简单用来给学英语的中国人看的那种书。因为简写的东西文笔都不太好,把原著里面很多很精彩的描写都给删掉了。由于读了很多很多英语原著,所以雅思的阅读理解她才能很轻松地考满分。你说她这个方法好不好?"

"好是好,可是我看不懂呀?"

"Yeah！You've got the point!"

"你说啥？"

"嗯、咳、咳……我说的是英语，意思就是：你刚才的回答抓住了问题的要害。她的那个方法确实好，英语原著肯定比翻译的、改写的要好。但问题是，以中学生的英语水平而言，英文小说原著是完全读不懂的。再好的东西，如果你读不懂，那就一点用都没有，只会浪费时间，而且还会让你觉得学英语很痛苦，很枯燥，很无聊。即使你很有毅力，你也很难坚持下来；即使你坚持下来，也没有什么太好的效果。

"而那些经过简写的英语读物，虽然英语不够地道，用词不够丰富多彩，文笔也不如原著好，但你能够读懂，读了之后多多少少总会有些进步。每读懂一篇简单的文章，或者一本简写版的小说，都会很有成就感，觉得自己的英语水平真不错，英语阅读也很有趣。这样不断地读，对那些学过的单词和词组越来越熟，又不断接触一些新的单词和词组，水平就会越来越高。直到有一天感觉自己可以读懂一些简单的原著了，我们才能再按照那个女孩的方法来学英语。对吧？"

"可是我现在连简写版的那些英语名著都读不懂啊！这可怎么办？"

"那就再去找更简单的。不是还有那种彩色的学英语的小人书嘛，什么大灰狼的故事之类的，配着彩图，故事也有趣，英语又简单，就那么几句话。这个你总能看懂吧？如果还不行，还有那种大部分都是中文，里面夹杂一些英语的单词书。反正一直下降到你读起来感觉比较通畅为止。"

"喔，这样子啊。可是我还有三个月考试了，还看这些东西有用吗？"

"最后三个月是来不及了，等你高考完了以后，你要想真正把英语学好，就应该这样来学。至于这最后三个月的英语阅读，咱们主要还是要针对考试题目来练习。你应该多做一些相对比较简单的阅读理解，尽量把文章都读懂读顺畅了，这样提高起来最快。

"还有，英语听力练习也要遵守这个原则来。听的时候要尽量挑能听得懂的、慢一点的、单词简单一点的。多听。听熟练之后，水平自然就上去了，以前听不懂的也慢慢地能听懂了。如果天天耳朵上挂着个耳机，里面放的都是一点都听不懂的英语新闻之类的，听的时间再久也不会有提高。写英语作文也是一样，尽量用自己知道的最简单的单词和词组来写，反正写通顺就行了，不要去考虑什么用词准确、丰富之类的。写得多了，水平自然就上去了。"

"哈哈，我知道了，做物理题也要这样来，专挑简单的做，把简单的做多了，水平自然就上去了，然后就可以做更难一点的题了；做化学也是专挑简单的做，把简单的做多了，水平自然就上去了，然后就可以做更难一点的题了。对吧？"

"对，你这回嘛算是彻底理解我的这个'一支火箭'的含义了。我研究了这么多年学习方法，一直想找一个简单、有效、好理解、谁都能用、用起来又轻松有趣的方法，终于找到了，就是它——专挑简单的做。"

"哈哈，我终于彻底理解了。哈哈，看来我还是挺聪明的嘛。那接下来你给我讲讲复杂的吧。"

"这个以后再慢慢给你讲，现在不早了，都快十点了，我也该走了。你早点休息，明天早上还要上课呢。"

"再讲一点嘛，我平时一般都十一点半才睡觉，还有一个多小时呢。"

"不讲了，不讲了。讲多了你记不住，你下一周先把我今天给你讲的这些用来实践实践，看看效果如何。我们下周再说别的吧。"

学习的第一原则

1. 日积月累的进步最可怕

采用小步快跑的方法,是最有效率的学习模式。沿着阻力最小(也就最简单)的方向努力,就像从高处往山下滚雪球一样,看起来每滚一圈雪球都没有什么变化,但却会越滚越快,越滚越大,膨胀速度惊人。对处于及格水平线上的学生来说,从最基础最简单的地方开始努力,看起来每一天都进步不大,但积累下来,一两个月的时间提高20来分,其实很容易。希望自己在某一门学科取得快速进步的人,可以立即把本章中的方法用于实践,看看效果如何。

2. 学习的难度和强度是有区别的

题目难度太大,对水平不够的人而言,再努力去做,收获也有限。所以,如果你是一个很有毅力、不怕吃苦、想不顾一切提高成绩的人,那么,你不应该把吃苦精神用来增加难度、啃难题,而应该增加强度,尽可能多地做自己感觉中等或中等偏下难度的题目,做得熟练了,必然会有提高。所以,放弃一些很难的题目并不是缺乏吃苦耐劳的精神,而是我们可以用更好的方式去吃苦耐劳。也就是李大鹏所比喻的"不吃鱼头,专吃鱼身"。这样才能事半功倍。

3. 日常学习的乐趣，主要来源于学习本身的成就感

只要能感到自己取得了进步，就会自然地产生进一步学习的动力；如果屡遭挫折，就会对学习丧失兴趣，对自己丧失信心。多做跟自己水平相符的题目，可以让自己不断地找到学习的成就感，也就保持了学习的兴趣和动力。很多人常常抱怨自己缺乏毅力，其实解题是一件很快乐的事情，不需要太多的毅力，其间的秘诀就是不要理会那些明显超过自己现在水平的题目。如果能在解题中找到乐趣，那么这种乐趣将比外部的奖赏更能促使我们不断进步。

4. 题目的难度会随着你水平的变化而变化

当你把那些半生不熟的题目彻底做熟以后，你自然就会发现原来那些"全生"的题目也就随之变成了"半生不熟"的了，成为你下一步吃掉的目标。不要瞧不起那些看起来简单的题目，黄金就藏在其中。具体什么样的题目才是"半生不熟"的，你自己最清楚。这也是为什么李大鹏反复强调要"凭感觉"的原因。

5. 勇于和老师沟通

告诉老师，你自己的水平如何，哪些题目可以不做。老师会理解的。但是不能完全丢开老师，去搞自己的一套。应该以老师的课堂教学和布置的作业为基础，结合自己的实际水平做

一些微调。

6. 为什么要把这个原则放在所有学习方法的首位

因为它最简单，也最实用。如果你看到这里不小心把书掉进火里烧毁了，那么只要你记住这"一支火箭"——看书挑简单的看，题目挑简单的做——你仍然可以让自己的学习成绩不断取得进步。如果你记住了所有的学习方法，却忘掉了这一条，最后的效果也不会太好。

附录1　记笔记的三大原则

一、记录知识体系或者老师的思路

比如，这节课老师讲了三个知识点。第一个知识点分为三个部分。一级一级地把体系和思路理清楚，记下来的笔记看起来就像我们教材的目录一样。如果更前进一步，可以学习画思维导图（思维导图是二战后思维科学研究的重要结果，能够极大提高学习和思考的效率，在国际范围内得到了广泛应用。用思维导图做笔记的具体方法可参考《高考状元的屠龙宝刀》一书，本书后面章节的解题思路图都采用了思维导图的方式绘制）。能够把老师讲课的内容画成一幅思维导图，就更好了。这里需要强调的是，不管是整理成目录形式的笔记，还是画成思维导图的笔记，目的都是一个：**提纲挈领，理清思路**。这跟做读书笔记是一样的。

在你看完一本书之后，可以把书的框架结构整理成这个样子：

一、&&&&&&

 （一）******

  1. %%%%%%

  2. %%%%%%

 （二）******

  1. %%%%%%

  2. %%%%%%

二、&&&&&&

 （一）******

  1. %%%%%%

  2. %%%%%%

 （二）******

  1. %%%%%%

  2. %%%%%%

三、&&&&&&

 （一）******

  1. %%%%%%

  2. %%%%%%

 （二）******

  1. %%%%%%

  2. %%%%%%

……

平时自己整理习惯了，熟练了之后，再用这种思路来做课堂笔记，就很方便了。画思维导图也是一样，先在看书的时候练习画，熟练了之后，听课的时候也可以用画图的方法来做笔记了。

二、记录重点和难点

1. 重点：就是老师反复强调或者要求大家记录下来的知识点。这个很简单，只要老师说"这个要记下来"，或者故意重复说几遍，留出记录的时间，你就详细地记录下来。还有就是当时听不懂的，也记录下来，课后认真去体会或者拿去问老师。

2. 难点：就是觉得自己难以完全理解，或者觉得对自己很有启发的，以前没有想到的部分。比如老师讲了三道例题，其中一道很简单以前做过，就不必记录。如果有一道对你很有启发，觉得这是一个新思路，就记录下来。或者老师突然提到什么东西，你觉得很新鲜，也可以记录下来。

三、简略、迅速，不能耽误听课

上课最重要的是听和理解，然后才是记笔记。如果埋头记笔记，老师讲的内容反而没有听清楚，或者只是听见了记下来了，但是没有动脑筋思考，这样的效果就会很糟糕。所以记录的时候，尽量用自己能看懂的简写、关键词等，字迹比较潦草也无所谓。只要第一点做到了，这个笔记框架清楚，里面的具体内容不那么清晰不会影响以后的复习。记录老师讲的例题时，你没有必要完全照抄整个解题过程,只要把最重要的解题关键点记下来,以后看到这个题目的时候,看一下几个关键点,就能回想起来具体解法。

第3章
世界上最有效的"记忆术"

本章设问：

1. 在媒体上常常可以看到一些"记忆术"的表演，快速记住一长串数字、一叠扑克牌的顺序、一堆毫无关联的地名人名等等。这样的"记忆术"真的有用吗？或者说，哪些有用，哪些没用？哪些适合学习，哪些适合表演？

2. 如果有一种方法，能让你用一个小时的时间记住圆周率后面500位数；而另一种方法，能让你用一周的时间记住中学所有的三角函数公式。这两种方法只能选一个，你会选择掌握哪一种？如果两个都不想选，你觉得有可能找到用一个小时记住中学所有三角函数公式的方法吗？

3. 如果有人告诉你，只要一种方法就可以记忆我们学过的几乎所有知识，你会相信吗？

3.1 提高记忆力最需要做什么

又一个周末来临了,李大鹏还是很忙。星期六上午他陪同省教育厅来的调研组到胡州实验中学调研,了解中高考准备情况,中午和调研组的同志在实验中学一起吃饭。送走调研组以后,他才抽出时间去给赵璐上课。

"今天的课我就不能光用嘴说了,还得给你在纸上比划比划才说得清楚。嗯……要是有黑板就好了。"

"哈哈,黑板呀,有有有,多着呢。"赵璐很得意地笑了起来,趴到床下边一阵倒腾,抽出来三块板子,"你要黑板还是要白板呀,大的还是小的?"

"呵呵,"李大鹏也被逗乐了,"你怎么连这东西也有,还挺齐全。"

"唉,都是我妈以前给我请老师补课时留下来的,有的老师喜欢用黑板有的喜欢用白板,我妈都给买齐了——不过好像也没什么用。"赵璐把最后一句话说得含糊其辞,不知道她是说黑板没啥用,还是说补课没啥用。李大鹏只是笑着把几块板接过来看了一下,挑了一块比较大的白板,问:"有挂钩吗?能挂在墙上吗?"

"有!"赵璐一边说一边把门背后挂着的一些衣服呀包包呀取下来,果然露出一排挂钩,把白板挂上。她又从床头柜里掏出来两根白板水笔和一个白板擦递给李大鹏:"怎么样,教学条件还可以吧？"

"嗯！不错。"李大鹏满意地点点头，"好,现在我们开始第二课。这一课我们讲学习过程中大家都很关心，同时也是很基础的一个方法——提高记忆力的方法。你觉得你记忆力怎么样？"

"不好。"

"为什么呢？"

"为什么？因为我脑子笨呗，什么都记不住，老师讲完我就忘了；书上的东西我也是看完就忘了，看多少遍也记不住。"

"那我上周给你讲的东西你忘了没有啊？"

"这倒没忘。不就是多做点简单的题目吗？我试了，还不错，感觉学习没以前那么痛苦了，做题速度也快了。"

"为什么这你就记住了呢？你不是说你脑子笨，老师讲完的东西马上就忘了吗？"

"你那个一支火箭，那么简单，还翻来覆去讲了一两个小时，我当然记得住。你看我们老师一节课45分钟，就要讲那么多的东西，我哪里记得住？！"

"你觉得老师讲课的内容太多了？"

"那当然。"

"呵呵，可是我来给你算一笔账。你们学习一个知识，老师讲新知识的时候要给你们讲一遍，月考的时候要复习一遍，期中考试的时候要复习一遍，期末考试的时候又要复习一遍，学年考试的时候还要复习一遍。高三冲刺的时候一般都是三轮复习，这就是三遍。也就是说,高中的一个知识,即使你自己不下额外的功夫,单是跟着老师和考试走,最少最少也要学习八遍。上周我给你翻来覆去地讲,总共也没有超过八遍吧,你怎么就记这么牢呢?"

"呃……因为你那个简单啊。你看那些数学公式好复杂啊,根本记不住,复习多少遍也记不住。记住了又忘了。"

"你说得很对,这些知识确实比我给你讲的要复杂。不过,璐璐,你要知道:复杂和简单都不是绝对的。再复杂的东西,都是由一些很简单的东西组成的。明白吗?"

"明白。"

"真的明白啊?"

"明白是明白,可就是不知道该怎么办。"

"嗯,你还挺老实的。不知道怎么办的'明白',其实不是真明白。我还是来给你举个例子解释一下吧。这里有50位数字,你看复杂不复杂?"李大鹏一边说一边慢条斯理地在白板上开始写。

2358132134558914423337761098715972584418167 6510946

"挺复杂的,这是啥?"

"你估计你要多长时间能把它们全背下来?"

"估计怎么也要十分钟吧。"

"你十分钟就能背下来呀?你试试看。你可以拿出纸和笔一边写一边记,十分钟后我来考你。"

赵璐点点头,老老实实地埋头画起来,一边画嘴里还一边不停念叨:"23581,32134,55891……"然后抬起头开始闭着眼睛背。过了不到三分钟,她就嚷嚷起来:"哎呀,不行不行,十分钟肯定背不下来,背到后面前面就全乱了。我看一个小时可能还差不多。"

"你还说你自己笨,你要是十分钟就背下来你就是天才了。不过,我有个方法,可以让你一分钟就能背下来,你信不信?"

"那我不是比天才还要天才了?!哈哈!"

"正确的学习方法,可以把普通人变成天才;错误的学习方法,可以把天才变成白痴。记住我这句话。下面,我把这50位的数字写成这样,你再看——"李大鹏说着在数字中间加了不少逗号,变成了这样:

2,3,5,8,13,21,34,55,89,144,233,377,610,987,1597,2584,4181,6765,10946

"你看这是什么?"

"什么呀?"

"仔细看,能不能发现这些数字之间的关系?你看,第一个数字是2;第二个数字是3;第三个数字是5,5=2+3;第四个数字是8,8=3+5;第五个数字是13,13=5+8……看出规律来了吧?你只要记住第一个数字是2,第二个数字是3就行了,剩下的每个数字都是前面两个数字之和。现在,你能把这50个数字写出来了么?"

"嗨,原来是这么个东西呀,叫什么数列来着?我们学奥数的时候都学过的。这个简单,我马上就能写出来。"

"对了。一个小时才能背下来的东西,你这不一分钟就记住了吗？

"前一串数字为什么复杂？因为你没有去发现它的规律。所以你死活记不住，即使死记硬背下来，也忘得很快。可是，当你发现了它的规律之后，它就变简单了，只要一分钟就背下来了，而且忘不掉。你说这一前一后你的记忆力提高了多少？怎么也有个几十倍吧。

"所以，今天这次课要给你讲的第一个提高记忆力的方法，也可以说是提高记忆力的第一原则，就是：**寻找知识之间的规律是提高记忆力的最佳途径**。"

"可是，可是——这串数字是你故意找的，才有规律。有很多数字根本就没规律。那我要是随便写50个数字，你的这个方法就不管用了啊！"

"是的，那就不管用了。比如圆周率是3.1415926……它小数点后面的几十位数字都是没有规律的，我的这个方法就一点用都没有了。"

"那你讲这半天有什么用啊？"

"呵呵呵，你反应还挺快的嘛。可是，你想想，从小到大，你参加的各种考试，有考过让你默写圆周率小数点后面50位吗？高考会考吗？"

"那倒不会。"

"是的，高考不会考。不仅高考不考，中考、考研、考博士、国家司法考试、注册会计师考试、出国英语考试、公务员考试、工作业绩考核……反正不管干什么，都不会要求你记得住圆周率后面50位数字——这种东西电脑比我们强多了。我们的考试，不会考你一些毫无意义的东西。说得更深入一点：我们人的大脑，我们的聪明才智，也不应该用来记忆一些毫无意义的东西！

"所以，真正有用的知识，都是有规律、有意义的。我这个方法虽然不能用来记圆周率，但却能用来轻松应对中考高考等各种考试，也可以用来解决其他实际问题。在我们需要记忆的知识中，绝大部分都是有规律的。所以，'寻找知识之间的规律，根据规律来记忆'是一种最重要、最高效的记忆法，是提高记忆力的第一原则！

"换句话说，如果有的知识点死活记不住，记住了又很快忘了，我们首先应该做的不是怀疑自己的智商，而是怀疑自己对这个知识有没有彻底的理解，对它的规律有没有真正把握。

"千万千万记住，提高记忆水平不能靠死记硬背，它需要：

第一，对需要记忆的内容彻底理解，把它的意思弄明白，把它和其他知识的关系理清楚；

第二，寻找知识内部的规律；

第三，根据规律来逐步记忆。

"你可以把我这三句话记到笔记本上，以后多看几遍。刚才那一串数字只是一个例子，用来说明我这个方法的。接下来，我要给你举更多真实的例子来说明问题，各个科目都给你讲一讲。现在休息十分钟。"

3.2 记忆方法实战教学1：诗词背诵

十分钟休息完了，赵璐又老老实实地坐回到位置上听李大鹏讲课。李大鹏已经把白板擦了个干干净净，问："你还记得我刚才讲了啥吧？"

"记得、记得。你写了一堆数字，就是一个数列，这个数列上的每个数都等于前面两个数之和。"

"我写这些数字出来是为了说明什么啊？"

"嗯……说明记东西需要先找到它的规律，才能记得又快又好，不能死记硬背。"

"不错，你只要能记住这一个道理，我刚才就算没白讲。这个道理虽然简单，却是我们提高记忆力的第一原则，千万不能忘了。具体怎么个用法，我先给你举个语文的例子，然后再给你举个历史的例子，然后再给你举个数学的例子，以后还有别的科目的例子。毛泽东的《沁园春·长沙》，你学过吧？"

"学过。"

"会背吗？"

"呃，这个……让我想想。好像有什么'同学少年'吧。"赵璐咬着舌头想了一会，又摇了摇头，突然调皮地笑起来，"记不得了。不过，呵呵，高考也不会考默写吧。你刚才不是说高考不考就没有意义吗？"

"胡说，我什么时候说过高考不考就没有意义？"

"噢……"赵璐努努嘴，"我记得你好像说过嘛。"

"我说的是……"李大鹏吸了一口气，"我说的是，高考不考不一定就没有意义。"

"这句话你肯定没说过，我敢打赌。"

"嗯，咳、咳……实际上，我两句都没说过。我说的是——我被你气晕了头啦，忘了自己说什么了。让我想想。嗯……我说的是：没有意义的东西高考不会考。像一些古诗词，还有一些优秀的现代文文段，虽然高考不会直接考，但是背诵这些诗词和文段，可以提高我们对古诗词、古文、现代文的鉴赏和阅读能力，也可以提高我们的写作水平。所以，背诵这些东西还是很有意义的。

"前面我不是跟你讲过吗，我高中时候写作文的水平一直不太好，而且老是提不高。后来我就用一个月的时间猛背了很多自己喜欢的文段，背完之后作文水平就迅速提高。今天我先教你背诗词,再教你背现代文。不过方法都是一样的:**彻底理解,找出规律,逐步背诵。**"

李大鹏一边说着,一边把毛泽东的《沁园春·长沙》写在了白板上。

> 独立寒秋,湘江北去,橘子洲头。
> 看万山红遍,层林尽染;漫江碧透,百舸争流。
> 鹰击长空,鱼翔浅底,万类霜天竞自由。
> 怅寥廓,问苍茫大地,谁主沉浮?
> 携来百侣曾游,忆往昔,峥嵘岁月稠。
> 恰同学少年,风华正茂;书生意气,挥斥方遒。
> 指点江山,激扬文字,粪土当年万户侯。
> 曾记否,到中流击水,浪遏飞舟?

"你看,这首词并不长,死记硬背也能背下来,但是效率低,而且忘得快。怎么样才能记得又快又好还长久不忘呢?先把这首词的内容彻底理解,读懂,能够用大白话说出来;然后理出它的内在规律,这就把思路记住了;最后,再一句一句往下背。

"首先,这首词的意思你懂吧?应该不难理解。这是毛主席在长沙回忆自己的读书时光而写的。它的意思呢,用大白话说就是:我一个人在寒冷的秋天站在橘子洲上,看着湘江向北而去……"

"哎呀,这个词我知道意思,你接着往下讲吧。怎么找规律?"

"嗯,好。理解完意思之后,就要找规律了。什么规律呢,我们来分析一下。这首词,它实际上包含了以下几个层次。

"第一层次:时间地点人物——我、秋天、湘江橘子洲头。对吧?我们写文章都先要把这些基本情况介绍清楚:写的是谁,在哪里,干什么。

"第二层次:描写一下周围的景物。写山,就是万山红遍、层林尽染;然后看江水,就是漫江碧透、百舸争流;然后往天上看:鹰击长空;低头再看:鱼翔浅底;然后发表了一下感慨:苍茫大地,谁主沉浮?

"第三层次:景物描写完了,要开始回忆以前的人和事了。什么人呢?同学少年。干了什么呢?指点江山,中流击水。

"总之,这首词可以总结为一句话:我到湘江来欣赏了一下风景,发了一点感慨,回忆了一下过去——完了。

"我们可以闭上眼睛,想象这样一幅图画:秋天,'我'在湘江的橘子洲上看风景,周围的山都被秋天的红叶染成了红色,抬头看见天上苍鹰翱翔,低头看见水里鱼儿游来游去。不由得感慨:这一切到底是谁的安排?回想年轻的时候,和同学们到这里来游玩,都是年轻的书生;大家谈笑风生,指点江山,还到江里去游泳(击水),真是爽啊!

"这就叫找规律,也就是这首词它的内在结构。我们把规律找到了,还可以画一幅图给你看,你看这不就清楚了?"

李大鹏一边说着一边用彩色水笔在白板上把刚才说的意思,用框架图的形式给画出来了。

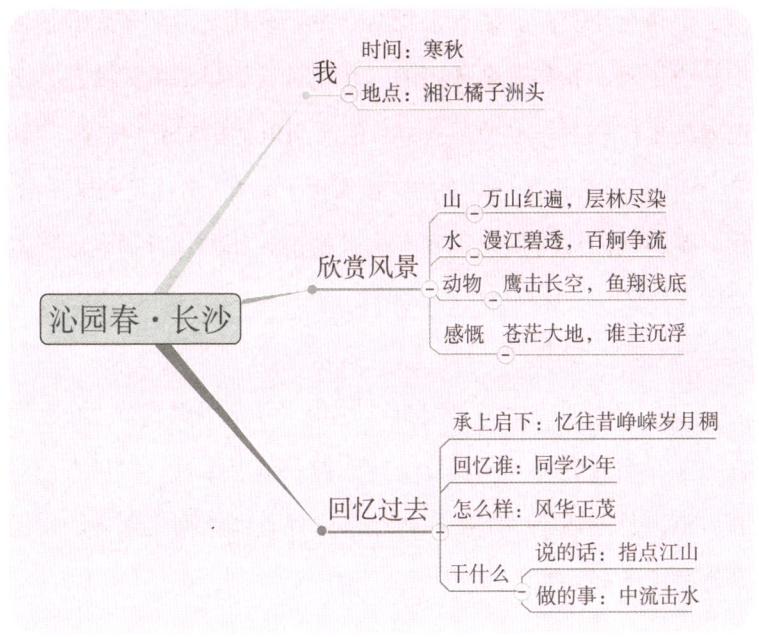

"你看,有了这幅图,这首词基本上也就背下来了。不仅背得快,而且还很不容易忘记。不仅如此,它还可以让你在背诵的同时,对这首词有更加深刻的理解。用这种方式背诵文章,不知比一味地死记硬背强多少。我们记忆东西,不仅要知其然,而且要知其所以然。如果有什么知识觉得总是记不住,或者勉强记住了也很容易忘,首先要检查的是自己有没有彻底理解,有没有找到它的规律，而不是责怪自己的记忆力。"

"哎呀，知道了。你已经说过很多遍了。"

"呵呵，多说几遍给你加强印象嘛。诗词的例子还可以随便举，都是这个套路。接下来我给你举个现代文的例子。我前面不是说了吗，我靠背余秋雨的《文化苦旅》里面的好文段，迅速提高了作文写作水平，一个月的时间就把作文分数提高了10分。今天我就给你找个里面的文段做例子来背。不过我先提醒你，我只是举例。你可别忘了我上次讲的第一原则，背诵名篇一定要凭——凭——凭什么？"

"凭感觉！"

"对，看来你记性还不错嘛。别傻乎乎地因为我背过余秋雨就一定要跟着我背——我只是给你做示范怎么背。以后自己背诵名篇，关键还是一定要找自己喜欢并且能够彻底理解的文段来背诵才最有效果。"

3.3 记忆方法实战教学2：历史知识

李大鹏一边说着一边从自己的包里抽出一张A4的白纸："这个太长，白板上没法写，我打印出来给你看着，我给你讲怎么背。这是余秋雨《阳关雪》的开头三段，我当年在高考前背过的文段中就有它们。你先看看。"

第3章 世界上最有效的"记忆术"

中国古代,一为文人,便无足观。文官之显赫,在官场而不在文,他们作为文人的一面,在官场也是无足观的。但是事情又很怪异,当峨冠博带早已零落成泥之后,一杆竹管笔偶尔涂画的诗文,竟能镌刻山河,雕镂人心,永不漫漶。

我曾有缘,在黄昏的江船上仰望过白帝城,顶着浓冽的秋霜登临过黄鹤楼,还在一个冬夜摸到了寒山寺。我的周围,人头济济,差不多绝大多数人的心头,都回荡着那几首不必引述的诗。人们来寻景,更来寻诗。这些诗,他们在孩提时代就能背诵。孩子们的想象,诚恳而逼真。因此,这些城,这些楼,这些寺,早在心头自行搭建。待到年长,当他们刚刚意识到有足够脚力的时候,也就给自己负上了一笔沉重的宿债,焦渴地企盼着对诗境实地的踏访。为童年,为历史,为许多无法言传的原因。有时候,这种焦渴,简直就像对失落的故乡的寻找,对离散的亲人的查访。

文人的魔力,竟能把偌大一个世界的生僻角落,变成人人心中的故乡。他们褪色的青衫里,究竟藏着什么法术呢?

"这么长的文段,又没有韵律。这个可比一首诗几句词背起来难度大多了,要花我们很长的时间、很多的精力。所以,我们在背诵它之前,首先要想清楚:这个时间花得值不值?我们背它有什么用?可不可以不背?它有四百多个字。如果用同样的时间,我去背圆周率小数点后面400位数字,哪个更有价值?为什么?"

"嗯……我觉着还是背这个更有意思。"

"为什么?"

"这篇文章文笔很美,我很喜欢,背起来当然比圆周率有意思多了。"

"嗯。"李大鹏点点头,"就是要先觉得它写得很好、很有感觉,然后才决定背它。背的目的不是为了挑战我们的记忆力,更不是为了跟同学比拼谁背的速度快,而是通过背诵提高自己的语文水平,尤其是赏析现代文和写作的能力。我们在整个背诵过程中,千万不能忘记这一点。

"所以,我们不能死记硬背——因为死记硬背除了给我们带来痛苦,没有别的用处。我们要在理解的基础上背。要先把它翻来覆去地看,看熟悉、看透彻,体会人家文笔的好处,找到美感了,然后再开始背诵。"

"呵呵,那我还没看透彻,让我多看看你再讲吧。"

"嗯,我这里还有余秋雨的《文化苦旅》这本书,也给你,里面有《阳关雪》的全文。这个文段的记忆我先不给你讲,等会儿吃完饭之后——我吃饭吃得慢——你先吃完,就把《阳关雪》的全文看一遍,好好体会一下文章的意思和意境,然后我再来教你背。现在我先给你举另外一个例子:历史知识的记忆方法。"

"啊?你不是讲语文吗,怎么好好的又跳到历史上去了?"

"这有什么?我给你讲的是提高记忆力的第一原则!"李大鹏故意把"第一原则"四个字说得很重,以示强调,"既然是原则,那就是不管什么学科的知识,只要你想记得又快又好,都要按照这个原则来才行。所以不管语文、历史、文科、理科,都一样。等会儿我还有数学物理的例子呢。

"很多人都说历史知识又多又乱,不知道该怎么记忆。你有没有这种感觉?"

"有。"

"每当我听见类似的抱怨的时候,我就说:如果你觉得多,这个很正常,但是如果你觉得乱,那就肯定是你的学习方法出了问题。其实整个中学历史,我可以用八个字就给你总结完。你知道是哪八个字吗?"

"啊!八个字?我不知道。快说快说。"

"很简单:中国历史,世界历史。"

"我倒!"赵璐说着真的把身子往后一仰,撞在后边的墙上,"这八个字我也知道,要你说?"

"呵呵,别着急嘛。我先问你,这八个字你能记住不?"

"化成灰也忘不了。"

"嗯,那就行,看来这第一步很简单,我们先把它的结构画出来。"

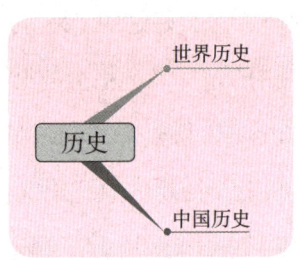

"这个图容易看懂吧?"李大鹏不等赵璐回答,就接着往下讲,"然后世界历史又可以用九个字来总结,这回你知道是什么了吗?"

"嗯,我想想……九个字……西方历史、东方历史?不对。古代史、近代史……对了,对了!是古代史、近代史、现代史。刚好九个字,哈哈。"

"不错、不错,你的历史知识脉络还是理得很清楚嘛。那中国历史呢,是不是也一样?"李大鹏说着又在图上增加了一些内容。

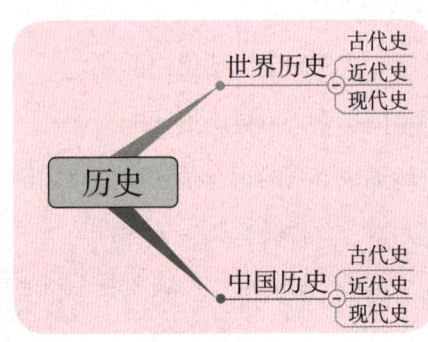

"这个图也很容易看懂,也很好记吧?"

赵璐这回没回答,只是点了点头,急着想往下听,看看下面还有什么名堂。

"然后我们再来看看中国古代的历史。又可以分为:原始社会、奴隶社会和封建社会。"

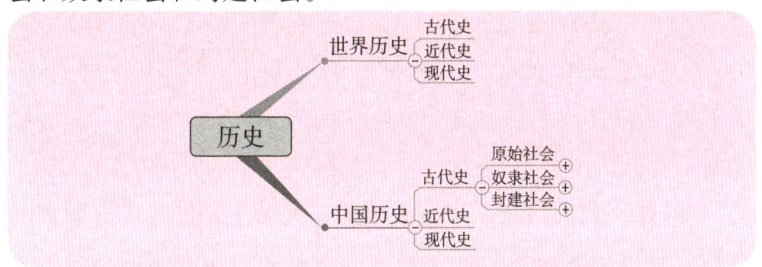

"然后我们来看封建社会。从战国时期开始,历经秦汉、三国两晋南北朝、隋唐五代十国、宋元明清,到头就完了。"

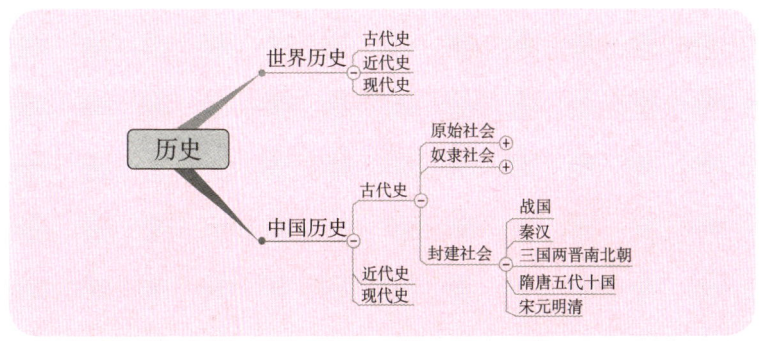

"然后每个朝代又讲了些什么呢?肯定是政治、经济、军事、文化、民族关系、对外交往。按照这个线索,古代史的知识可以整整齐齐地排列在你大脑里,绝对不会乱。"

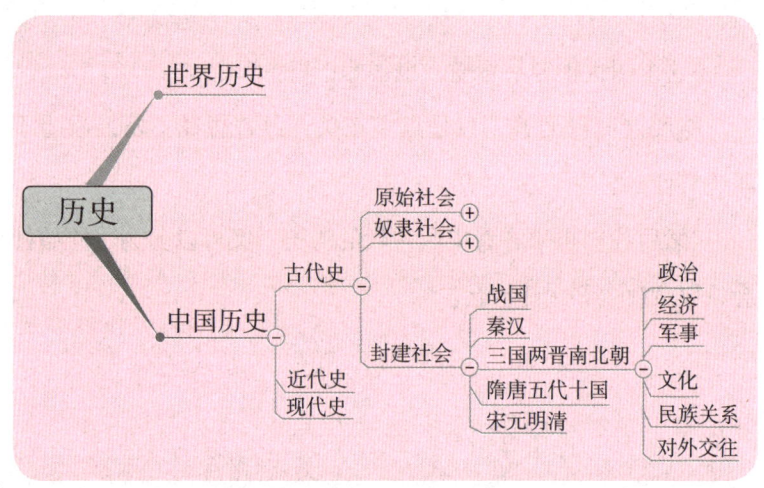

"同样,我们再来看中国近代史,又分为旧民主主义革命时期和新民主主义革命时期。其中旧民主主义革命时期的线索主要是侵略史、抗争史和探索史。简单来说,就是由于我们国家落后了,所以老被列强侵略,有侵略就有反抗,同时也就有反思,寻找国家振兴的道路,对吧?"

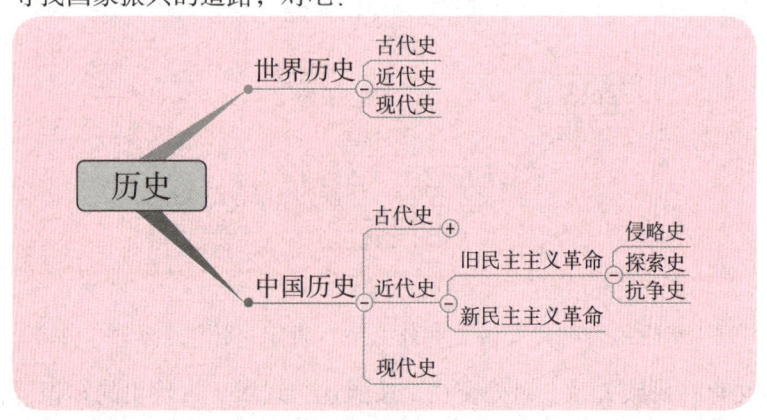

"然后,看看侵略史。就是五次大的战争:第一次鸦片战争、

第二次鸦片战争、中法战争、甲午中日战争和八国联军侵华战争。"

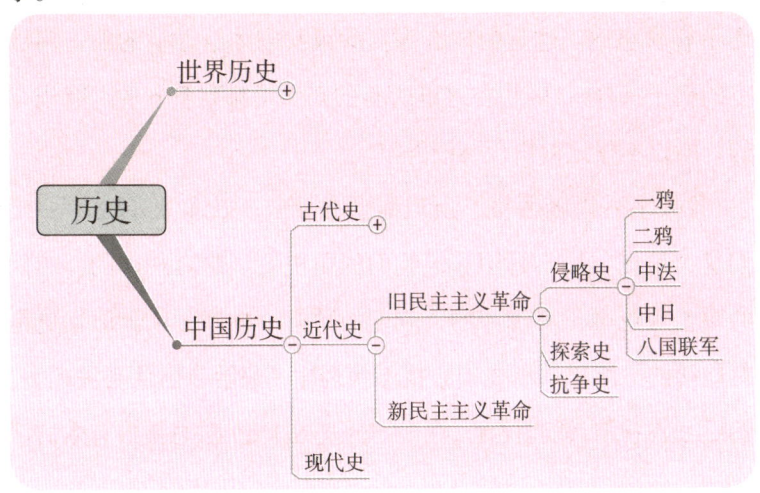

"然后,每次战争有起因、经过、结果。结果都是签订了不平等条约,条约内容包括割地、赔款、通商、特权。"

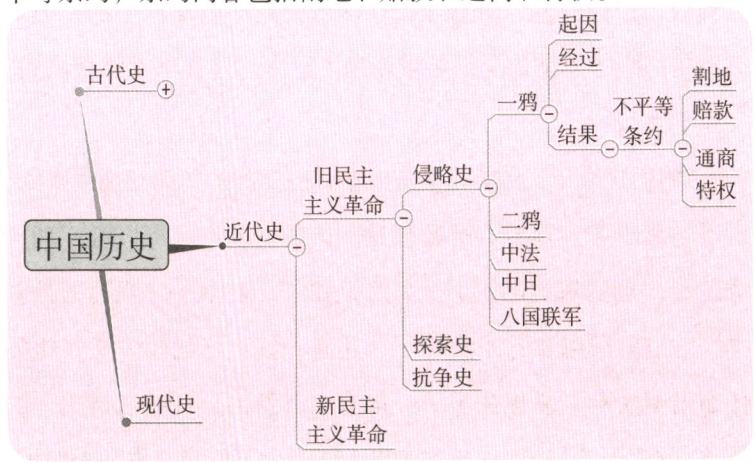

"总之,你按照这个思路逐步往下理,整个历史知识的线索就非常清楚了。内容虽然多,但是绝对不杂,记忆起来非常轻松,还不容易忘记。这是为什么呢?就跟我刚才给你举的那一串数字的例子一样:因为在这里所有的知识是排列整齐的、有规律的,所以不仅记得快,还记得牢。

"数字可以随便排,所以有些数字——比如圆周率——咱们这个记忆方法不管用。但咱们的历史发展是有规律的,咱们的政治理论也是有规律的,咱们的数学、物理、化学那就更是有规律的。所以,不要担心找不到规律,只要自己认真去理解,然后细心总结,就能找到。在规律的基础上记忆,总是最有效的。"

李大鹏讲完,喝了一口水,把白板上的图都擦掉。然后让赵璐自己回想一遍,看看能记住多少。赵璐磕磕巴巴的,但最终还是把刚才的结构全都给重新理了出来。这让李大鹏很高兴,又夸了她几句。

"咱们这个记忆的方法,是根据我们学习的知识的规律来的,所以它和学习、理解、解题都是一体的。基本上可以说,理解清楚了,也就基本记住了;只要记住了,基本——我说的是基本——也就可以拿它来解题了。还有一些记忆的小方法,比如什么谐音法啊、联想法啊……都有用,但都是一些细枝末节的技巧,知道当然好,不知道其实也无所谓。下面我给你举个例子,看看我们这个记忆方法是怎么变成实实在在的解题拿分的能力的。"

> 历史论述题：试分析唐朝对外交流的发达程度超出汉朝的原因。

"你看这道题，这是以前的一道高考大论述题的一部分。它和咱们刚才背的历史知识有关系吗？"

"啊？好像有关系……"赵璐的回答充满了疑惑，"不过，不过……刚才你也没细讲唐朝和汉朝的对外交流啊。"

"是的，一些细节我确实没讲。不过我跟你说：中高考的大题得分，主要是按照得分点给分。文科类的大题，像历史政治这种呢，就是看你的框架对不对。标准答案里面的那几条你都有了，一条2分，三条6分，就这样。一些细节其实不影响。理科类的大题，像数学物理呢，就是看你的过程对不对，那几个关键的步骤有没有写出来，一个步骤2分，大概也这样。理科的咱们后面讲，现在看这道历史题目。你首先要想的不是唐朝、汉朝对外交往的细节——比如它是出口丝绸还是出口瓷器——这些不是很重要。首先想的是：要回答哪些要点？

"要回答哪些点呢？我们回想一下刚才记忆的思路，中国古代史，封建社会，封建社会从战国到明清有很多朝代。每个朝代的情况包括政治、经济、文化、军事、民族关系、对外交往等。对吧？

"现在我们是比较汉唐两个朝代。题目已经说了，让你分析原因，所以咱们只能根据两个朝代的政治、经济、文化、军事、民族关系、对外交往这些方面来，对不对？"

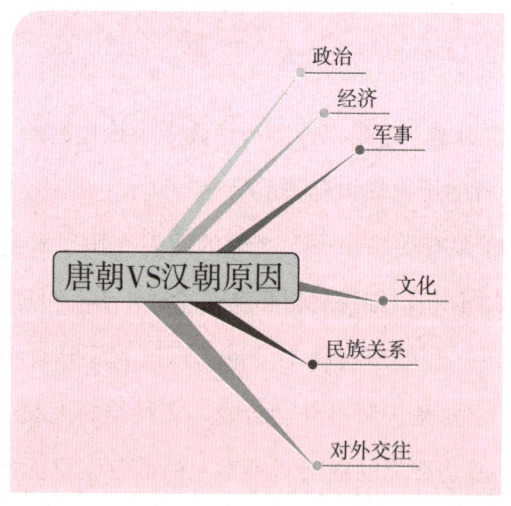

"呀！还真是，这下这个题就好答多了。"赵璐刚才犹犹豫豫的声音一下子变得干脆起来。

"对，其实到这里，即使你迷迷糊糊地回答一通：唐朝和汉朝相比，政治稳定，经济发达，军事实力强大，文化发达，对外开放。这样回答，也差不多能拿到一点分了。当然，我们不能这么胡写，还要继续往下想。

"第一，政治包括哪些方面？唐朝和汉朝相比有没有什么政治因素特别有利于外交的？内政方面好像暂时想不到。

"第二，经济方面呢，唐朝经济比汉朝发达，主要体现在它江南地区开发得比汉朝好。即使你这里还没想到江南开发，也没关系，继续往下想。

"第三，文化方面呢？唐朝文化很强盛，对吧，但是具体和汉朝比较强在哪里，好像一时也想不出来。

"第四，军事方面，这个就比较明显了。唐朝的疆域比汉朝要大很多，这个很明显有利于对外交流。到底大在哪些方面呢？记不清了，没关系，东南西北四个方向都想一想。最后还是能想到江南地区的开发，以及东南沿海的对外交流——汉朝的时候南方还很落后，有很多地方也没有完全纳入中央政府管理。这里还没有想到江南也没关系，还可以继续往下理。

"第五，民族关系，它和对外交流是两条线，基本不用去想。如果你觉得可以加上一点什么稳定的民族关系，也可以，不会被扣分。

"第六，对外交往。这个很容易想到：唐朝实行比较开放的对外交往政策。然后想到唐朝的贸易路线和贸易中心，与汉朝一对比，也很容易想到江南地区的开发和江南沿海的对外交流。

"好，这下我们把思路整理完了——这和我们记忆知识的思路是一一对应的。最后，我们来把刚才整理的思路弄成完整的文字，这道题的答案就出来了。"

> 唐朝和汉朝相比，经济发达，国力强盛，疆域更加广阔，尤其是对江南地区的开放超过汉朝，在对外交流中增加了东南沿海的海上交流。同时，唐朝时期文化更加繁荣，处于世界领先地位，执行了更为开放的对外交流政策。

"完了。"

"完了？这么简单啊？"

"对呀，你可以看看这道题的标准答案。"

> 汉朝江南经济较为落后，还不具备打通海上通商的条件；唐朝疆域广大，国力强盛，经济、文化处于世界先进地位，经济重心逐渐南移，造船业发达，因此中外交往出现前所未有的盛况。

"一般人单看这段标准答案看不出什么名堂来。实际上，它就是在说经济原因、政治原因、文化原因。这个答案里面提到了造船业发达，一般人想不出来；但是它没有提到唐朝更为开明的对外交往政策，可以说也是它的一个不足之处。

"文科的主观题，不要想着回答得跟标准答案一模一样。因为它的答案跟数学题不一样，可以精确到小数点后多少位。出题人稍微动个心眼，就可能出现偏差。但是，只要你按照解题思路来，肯定能拿到绝大部分分数。你看这道题，除了造船业，其他得分点咱们全部都答上了，最多也就扣1分，甚至0.5分。这就算成功了。"

"哦，原来是这样。明白了、明白了，下次答题我也这么答。"

"嗯，明白就好。虽然今天我主要不是教你解题的思路，而是主要教你记忆知识的思路。但是，它们在本质上是一样的。我们一定要明确：我们的学习过程，不管是看书、做题、记忆还是什么，最终都是为了实现解题，完成知识的实际应用。学习的过程大概可以画成这个样子：

"从这张图我们可以看到，记忆的过程不是孤立的，而是学习过程中的一个环节，跟其他环节是一脉相承的。记忆的基础是找出知识的规律，在把握规律的基础上记忆才是最有效的，才能转化为解题拿分的能力。对知识的彻底理解是找出规律的基础，只有彻底理解了，才能找出规律。"

3.4 记忆方法实战教学3：数学公式

"刚才讲了，用'彻底理解——找到规律——逐步记忆'的方法来记忆诗词和历史知识的脉络。现在再给你举个数学的例子。"

"这个还能用来记数学公式啊？这么说来背诗词跟背数学公式都是一样的啊？"

"算你聪明。不管背什么，只要是有规律的，方法都是一样的——彻底理解，然后找规律。说吧，你觉得数学哪一块的公式最难背？"

"三角函数！公式最多，变来变去的把人都搞得晕头转向啦。我已经对它绝望了。你要是能让我把三角函数的公式都记住，那就算服了你啦。哈哈。"

"这么说来你一直对我不服啊？"

"我哪里敢呀？"赵璐吐了一下舌头，"只是你要是让我记住三角函数公式，我就对你服上加服了。"

"这还差不多。好，你就看我怎么给你讲三角函数公式的记忆方法。"李大鹏三下五除二把白板擦了个干干净净。

正要开讲，赵璐妈在楼下喊道："大鹏、璐璐，准备吃饭了！"

李大鹏看了下手表，笑着说："三角函数比较复杂，马上吃饭，时间来不及了，等会儿吃完晚饭再细细给你讲。现在先给你打点基础，用这五分钟给你讲个最简单的，你先把方法搞清楚，然后再把它套用到三角函数上去。好吧？"

"什么简单的啊？"

"全等三角形。还记得吗？"

"啊，这是初中学的啊。好像还记得一点：三条边相等的三角形是全等三角形。还有什么？两个角和一条边……"

"看来你的数学真是烂得可以。这个知识虽然是初中学习的，但是高中的几何包括立体几何都是经常要用的,如果不熟悉,很多高中几何题基本没法做。全等三角形虽然简单,但是死记硬背的话也很容易混淆。比如我们经常用一些缩写来背它:边边边、角角边、边边角等等。这样记短时间内看起来很快,时间长了就特别容易记混——根本不知道它什么意思,在考场上也很容易出错。"

李大鹏一边说着,一边在白板上画起图来。

"首先,两个三角形全等,说明什么?说明它们的所有边和所有对应的角都相等。对吧?比如,如果△abc≌△ABC,那么线段ab=AB, bc=BC, ac=AC, ∠a=∠A, ∠b=∠B, ∠c=∠C。对吧?"

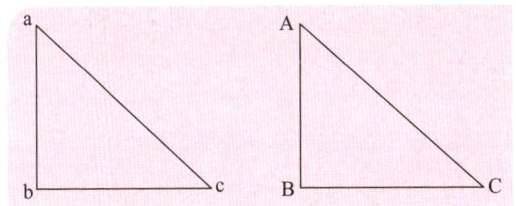

"对,这个我知道。"

"这个叫全等三角形的性质。就是说,如果知道两个三角形全等,可以推出什么。我们高中阶段在证明几何题的时候,经常要用它来证明一些线段相等或者角相等。

"还有一个就是全等三角形的判定,就是说怎么才能证明两个三角形全等?它们的关系是这样的:用判定定理证明两个三角形全等,再用性质定理推出对应的边和角相等。"李大鹏说着又在白板上画了一个示意图:

"怎么判定呢?证明的过程我就不讲了。主要是记忆的时候,不要边边边角角角这样记,而应该找规律。

"对应边对应角总共有多少呢?三个边三个角,总共六个要素,至少要三个要素对应相等才能判定全等。那么这三个要素对应相等包括哪些组合呢?很简单:三条边对应相等,三个角对应相等,两个角和一条边对应相等,两条边和一个角对应相等。对吧?我们记下来。"

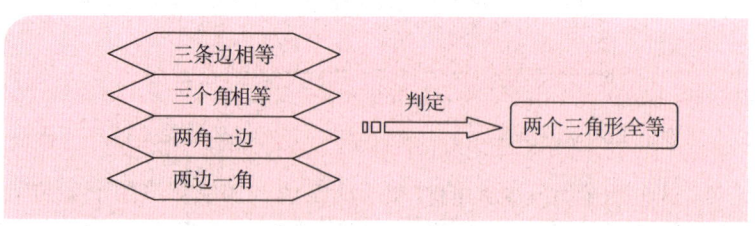

"我们来一个一个往下看。三条边对应相等,能不能判定两个三角形全等?"

"可以。"

"对,三角形很稳定,只要三条边确定了,它是不会变形的。所以三条边对应相等的两个三角形肯定全等。好,我们在它旁边打个钩。接下来,三个角相等,能不能判定两个三角形全等?"

"不能。"

"对。三个角都相等只能判定这两个三角形形状相似,但是边的长短可能不一样,可能一个大一个小。我们在它旁边打个叉。接下来,两个角一个边呢?"

"可以。"

"嗯,对。三角形内角和总是等于180度,已知两个三角形有两个对应角相等了,剩下那个肯定也相等。三个角相等,形状相似,再加上一条边,大小也固定了,所以肯定全等。不过要注意的是这条相等的边所对的角必须也是相对应的,对吧?如果说两个三角形有一条边相等,还各有一个角30度,一个角60度,但是一个三角形里面这条边对着30度的角,另一个则对着60度的,那就不可能全等了。对吧?"

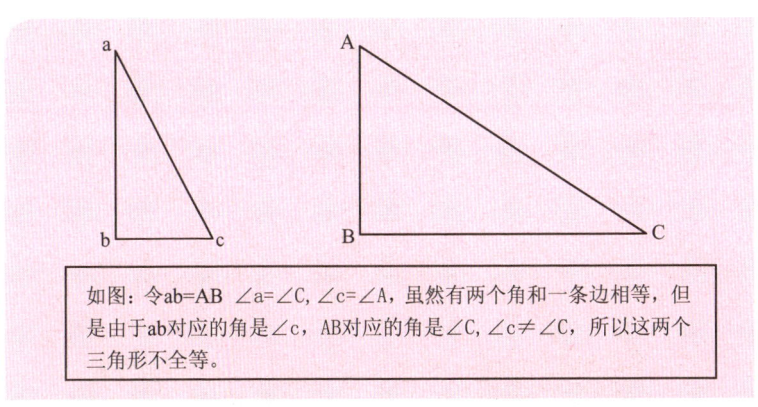

如图:令ab=AB ∠a=∠C, ∠c=∠A,虽然有两个角和一条边相等,但是由于ab对应的角是∠c, AB对应的角是∠C, ∠c≠∠C, 所以这两个三角形不全等。

"接下来看,两条边和一个角呢?如果两个三角形有两条边对应相等,还有一个角对应相等,这两个三角形全不全等?"

"全等。"

"哈哈，你看，晕了吧？只有两条边和这两条边的夹角对应相等，这两个三角形才全等。如果不是夹角，但是相等的这个角是直角，也全等。如果不是夹角，而且相等的这个角也不是直角，就不能证明。这个，我们也要在图上标注出来。"

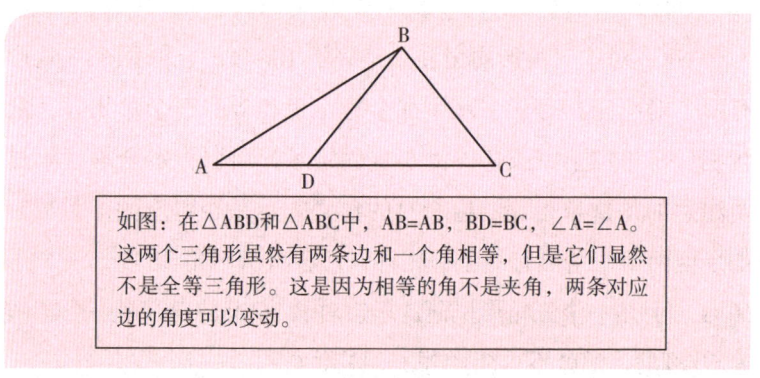

如图：在△ABD和△ABC中，AB=AB，BD=BC，∠A=∠A。这两个三角形虽然有两条边和一个角相等，但是它们显然不是全等三角形。这是因为相等的角不是夹角，两条对应边的角度可以变动。

经过这样一番标注和修改，李大鹏把白板上的图画成了这个样子：

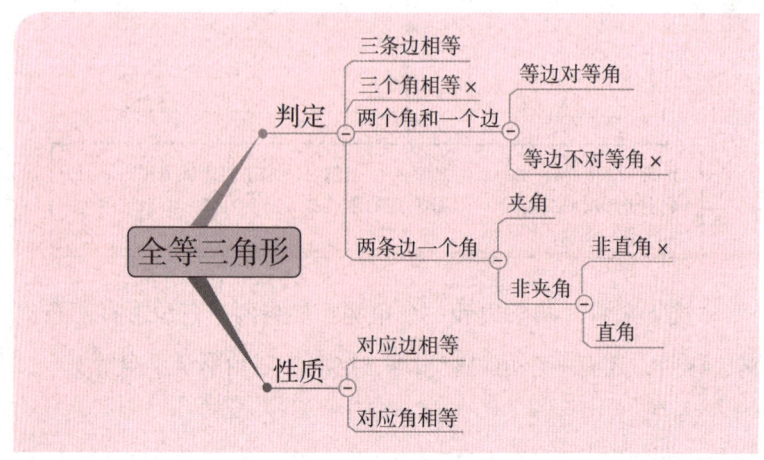

"你看,经过这么一番对全等三角形的彻底理解,我们已经找到了它的内在规律,也就是它下面这些更小的知识点之间的内在联系。现在对全等三角形这个知识,算是彻底理解了。

"画出了这样一张图,对于全等三角形这个知识,就记忆得很清楚而且很牢固了。虽然有的人背诵什么边边边、边边角之类的,好像一分钟就能背下来。但是,用一分钟背下来的,一转身就忘了,上了考场就犯蒙。这样的记忆,速度快,但是效率极低,效果很差。而先彻底理解,然后找规律,再记忆的这种方式,看起来不是什么捷径,但是记起来清楚明白,记得牢靠。不管到了什么考场——高考中考,你心里都不会发怵,因为你已经从内心彻底理解它了,对它知根知底了。

"比如两个角一条边的判定定理,你不仅记住了'角角边',而且记住了它在什么情况下能用,什么情况下不能用。更重要的是,你还知道了它在什么情况下为什么能用,在哪些情况下为什么不能用!

"所以,对这样的公式,你绝不用担心记错,也不会担心用错,拿来就敢解题。这样的记忆,才是真正最有效率、最出效果的记忆方式!明白吗?"

"呵呵,明白、明白。"赵璐拍着手笑道,"我们老师也经常教我们:知其然还要知其所以然。就是这个意思吧?不过讲得没你这么清楚。那你说的那个三角函数也是这样啊,一步一步地推出来？知道那些公式怎么来的，然后就记得住了？"

"你脑子还是蛮灵光的嘛，还知道举一反三了，不错、不错。待会儿吃饭的时候告诉你妈，让她表扬表扬你。"

"别、别、别，才不要呢。"赵璐听了连忙摆手，"别人在她面前说我坏话她就信，说我好话她就不信。"

"我是'别人'吗？"李大鹏笑着说，"我说的话她肯定信，你就等着瞧吧。现在去吃饭，吃完饭再接着给你讲。"

3.5 彻底理解

吃完饭，李大鹏准备继续开讲。

赵璐受了妈妈表扬，心情大好。吃完饭就把自己关在屋里看书，此时已经把《阳关雪》看完了，啧啧称赞起来："哎呀，写得真好，我怎么早没看见呢？"

"现在看见还不算太晚嘛。"李大鹏半开玩笑半认真地说。

"还不晚啊？还有两个半月就高考了。我们老师说了，作文水平主要靠语感，这个只能日积月累，不可能一下子提高。"

"那你要是提前一年看了，你的作文就能写好了？再说了，你们班上作文写得好的同学全都读过这篇文章？"

"那倒不一定，嘿嘿。不过总可以提高一下语感嘛。"

"天下的好文章多得是，不一定要读余秋雨。关键还是看了好文章要注意理解吸收，把好的文段背下来，写的时候才用得上。"

"知道了,知道了。我现在知道这篇文章好了,我可喜欢了。你赶紧教我背下来吧,这样我写作文就用得上了。"

"光喜欢还不够,要反复阅读、充分理解,把文章的好处都体会到,然后再来找规律背诵。我本来计划吃完饭就给你讲怎么背这个文段的,但是吃饭的时候又想了一下,我给你的时间还是太少了。这样吧,你今天晚上或者明早有空的时候再多看两遍,我明天下午还来,到时候再给你讲怎么背。怎么样?"

"啊?……"赵璐露出一副吃惊的表情,"还要再看啊?为了背一篇文章就要搞这么复杂,那我这三个月还怎么复习啊?这不都没时间了嘛。今天晚上你回去了我还有好多作业要做,明天早上也要做,哪里还有时间看它啊!"

"嘿嘿,你还知道抓紧时间嘛,不错、不错,值得表扬。不过越是紧张的时刻,越要按照学习规律一步一步来,不慌不忙,才能取得最佳效果。着急起来,乱了方寸,只会把情况变得更糟糕。我让你这样反复阅读,也是为了让你深刻体会一下什么叫'彻底理解'。这是一切学习的根基。只有理解的知识才容易记忆,只有理解的东西才会运用。"

"好吧,那就明天再说吧。"赵璐叹了一口气,"那你能不能告诉我,到底什么叫彻底理解?只许用一句话,多了我记不住。"

"嗯……"李大鹏仰起头想了一会儿,长吁了一口气,"**所**

谓彻底理解，就是能够把这个知识里面最简单的东西和最复杂的内容联系起来。懂吗？"

"不懂。"

"就好像余秋雨的文章，最简单的东西是什么？就是汉字。最复杂的内容是什么？就是它的文笔和意境。当你知道了他是如何运用最简单的汉字写出这么漂亮的文段，表达这么动人的意境的时候，你对这篇文章就算彻底理解了。

"普通几何最简单的是什么？是点、直线、平行线、角度、平面。最复杂的是什么？复杂的立体几何、多面体、圆锥体、球体……如果你能从点、直线等最简单的概念出发，一步一步自己推出三角形相关的公理、定理，推出四边形的相关定理，推出圆形的各种定理，推出立体几何的相关定理，那么你对普通几何就算彻底理解了——能做到这一步的人，几何没有学不好的。"

"天，那也太难了，没几个人做得到吧？！"

"一口气把整个几何概念推导完，确实没几个人做得到。但是在一个小范围内，比如我前面给你讲的全等三角形的例子，就完全可以。全等三角形中最简单的概念是什么？就是三条边决定一个三角形，三角形内角和等于180度。最复杂的呢？就是判定定理。从这两个概念出发，把全等三角形的判定定理理清楚，你对全等三角形的知识，就算彻底理解了。当你理解到这个程度以后，你自然就把它记住了，自然就会运用了。我学习全等三角形都已经十多年了，但现在对它的判定定理仍然了然于胸，碰到类似的题目轻松解决，就是因为我对它已经彻底理解了。"

"三角函数也这样？"

"是的。三角函数看似复杂，其实简单。如果对它的公式死记硬背，往往会被一些细节弄得稀里糊涂。比如二倍角公式：

$$\sin 2\alpha = 2\sin\alpha\cos\alpha$$

$$\cos 2\alpha = \cos^2\alpha - \sin^2\alpha = 1 - 2\sin^2\alpha = 2\cos^2\alpha - 1$$

$$\operatorname{ctg} 2\alpha = \frac{\operatorname{ctg}\alpha - \operatorname{tg}\alpha}{2}$$

$$\operatorname{tg} 2\alpha = \frac{2\operatorname{tg}\alpha}{1 - \operatorname{tg}^2\alpha}$$

"光这一串就足够让很多人晕菜了。可是二倍角公式只是三角函数里面众多公式中比较好记的一部分，整个三角函数的公式，没有100个也有50个吧。我们连50位的数字都背不下来，50个这么复杂的、怪模怪样的公式可怎么背啊？在很多学习不好的同学看来，那些能把这么多公式背下来而且还能熟练运用的人，肯定是脑子跟自己长得不一样。不然这个问题没法解释。更要命的是，就算累死累活背了很久，勉强算是记下来了。可一上考场眼看要用了，突然迷惑起来：这个 $\operatorname{ctg} 2\alpha$ 的公式中，到底是应该 $\operatorname{ctg}\alpha - \operatorname{tg}\alpha$ 呢，还是 $\operatorname{tg}\alpha - \operatorname{ctg}\alpha$？这个 $\cos 2\alpha$ 的公式中，到底是 $1 - 2\sin^2\alpha$ 呢，还是 $1 - 2\cos^2\alpha$？这可麻烦了，因为这些差别很细微,也就是个符号问题,可是一旦记错了,这道题就彻底完蛋了,连一分都得不到。

"要解决这个问题,方法只有一个:就是在彻底理解的基础上记忆。"

(关于李大鹏辅导赵璐背诵三角函数的方法,由于篇幅较长,且难度较大,并不一定适合一些低年级的读者阅读,所以列入本章附录。低年级的读者可以直接跳过不看。)

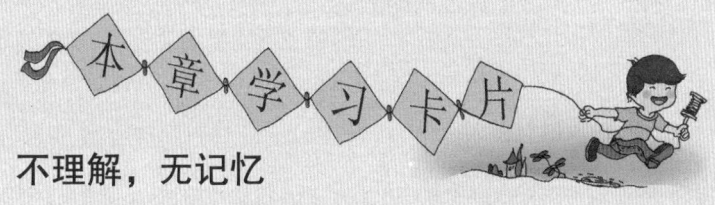

不理解，无记忆

1. 记忆的目的是为了应用

能把这么多公式背下来而且还能熟练运用的人，肯定是脑子跟自己长得一样的人。人脑不应该去和电脑比拼记忆力。我们记忆的目的不是为了挑战自己的记忆力，而是为了在中高考中帮助我们解题，或者用来解决别的实际问题。有意义的东西才去记，没意义的东西就不要记。

不要迷信一些花里胡哨的记忆诀窍。比如，不管是用"谐音法"还是"图形法"还是别的什么方法来强行记忆圆周率小数点后的几十位数字，这些东西都是没有意义的。有这个工夫，不如多解几道数学题，对提高数学成绩更有帮助。

2. 根据知识的用途来决定记忆的重点

并不是所有需要记忆的东西都要记得一清二楚才算"记住了"。只要得到了我们背一个东西所希望得到的收获，就算"记住了"。

数学、物理、化学等理科公式的记忆，目的是为了计算解题，所以重点在于知道它的来龙去脉，用起来才灵活；语文的诗词和文段，重点在于理解它的构架和文笔，写作的时候才能借鉴，至于个别字词记忆有点小差错，其实没什么关系；历史政治知识的记忆，重点在于记住历史事件的脉络和政治理论的逻辑结构，在分析问题回答问题的时候能够用得上，至于具体的表述，不需要记得一字不差；英语文章的背诵，重点在于加深对单词、语法和句型的理解，背完之后把文章忘了都没关系，记住文中有用的语法和句子结构就行。

3. 只有真正理解的东西才能记得牢

记忆 =90% 的理解 +10% 的背诵。花在理解上的时间一定要比背诵的时间多，这样学习才有效率。没有建立在理解基础上的死记硬背，只会有两种结果：第一，记得慢，忘得快；第二，记得快，忘得更快。

如果有一些知识记起来很痛苦，或者不断地背又不断地忘，首先要怀疑的不是自己的智商，而是自己对这些知识有没有彻底理解。

4. 彻底理解是指明白过程而不是记住结果

在某一块知识的内部，如果你知道它里边最简单的概念与最复杂的内容之间的联系，那么你对这一块知识，就算彻底理解了。它强调的是过程，而不是结果。

在复习解析几何的时候，你可以先问自己："解析几何最简单的概念是什么？"再问自己："解析几何里面哪些地方我觉得最难，最搞不清楚？"然后，你试着用各种方法让自己搞清楚怎么从这些最简单的概念一步一步推出最难最复杂的知识点。只要你把这个过程搞清楚了，那么，这些难点对你而言，就可以算是彻底理解了。这个方法，对任何一种有规律的知识，都是有用的。

5．把握知识的规律可以让记忆事半功倍

在彻底理解的基础上，把握知识的规律，可以让我们的记忆事半功倍。寻找规律的方法，将在下一章详细讲解。

1. 按照李大鹏给赵璐讲解毛泽东《沁园春·长沙》的方法,背诵柳永《雨霖铃》。

寒蝉凄切,对长亭晚,骤雨初歇。

都门帐饮无绪,留恋处、兰舟催发。

执手相看泪眼,竟无语凝噎。

念去去、千里烟波,暮霭沉沉楚天阔。

多情自古伤离别,更那堪、冷落清秋节。

今宵酒醒何处?杨柳岸、晓风残月。

此去经年,应是良辰好景虚设。

便纵有千种风情,更与何人说?

2. 按照李大鹏给赵璐梳理历史知识的方法,梳理出世界近代史的记忆脉络。

3. 按照李大鹏讲解的记忆全等三角形相关知识的方法,记忆一下相似三角形的相关知识,或者其他一些自己觉得似懂非懂的数学公式。

4. 找到余秋雨《阳关雪》的全文,仔细阅读,然后按照本章的方法背诵前三段文字。本题难度较大,读者可以读完第4章以后再来思考本题。如果不喜欢《阳关雪》的文笔,也可以另找一篇文章,从中挑出自己喜欢的一两段文字来试着背诵。

附录2 三角函数公式的记忆规律

我们以三角函数公式为例来说明如何运用"彻底理解＋把握规律"的方法来记忆数量巨大而且非常复杂的理科公式。

所谓彻底理解，就是能够从最简单的概念推出最复杂的结论。所以当我们觉得某个知识很难理解的时候，首先应该想到的就是，这个知识背后那些最简单的概念我们有没有真正弄清楚。

所以，我们要把三角函数彻底搞清楚，记下来并且活学活用，首先就要问：三角函数最简单的概念是什么？

显然，就是sin、cos、tg、ctg这四个概念。这是三角函数的基本元素。可惜有很多人学了很长时间的三角函数，这四个符号倒是认识了，却没有能够真正理解它们的内涵。

所谓三角函数，简单来说，就是直角三角形的几条边的比例关系。假设有直角△ABC，∠C=90°，对应斜边c，∠A和∠B分别对应直角边a和b。

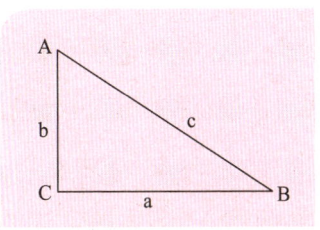

那么，sinA=a/c, cosA=b/c, tgA=a/b, ctgA=b/a。实际上，这四

个函数就是为了把直角三角形的线段比例简单化，为了避免每次都要写一大堆线段的比例式，而发明出来的。sinA 就代表∠A 所对的直角边与斜边的比例，cosA 就代表∠A 的邻边与斜边的比例，tgA 就代表∠A 的对边与邻边的比例，ctgA 就代表∠A 的邻边与对边的比例。

把这些最简单的概念弄清楚了，有很多基础的三角函数公式就不用记了。比如 $sin^2A+cos^2A=1$，tgA ctgA=1，cosA tgA= sinA，sinA ctgA= cosA。因为这些全都是直接从这个基本概念推出来的，比如 cosAtgA= sinA，sinActgA= cosA 这两个公式颠来倒去的，很容易把 tgA 和 ctgA 记混淆，一不小心就会记成 sinAtgA=cosA 或者 cosActgA= sinA。但是，只要我们知道这四个基本概念，就知道 $cosAtgA = \frac{b}{c} \times \frac{a}{b} = \frac{a}{c} = sinA$，$sinActgA = \frac{a}{c} \times \frac{b}{a} = \frac{b}{c} = cosA$，永远都不会记混淆。所以说真正高效的记忆是在彻底理解的基础上记忆，彻底理解了之后，过个十年八年都忘不掉，更不可能说什么听完课就忘、看完书就忘、过一天就忘了等等。

到了高中，三角函数最大的变化其实不是公式变得更多了，而是基础概念扩大了。也就是三角函数的取值范围从初中的 0 到 90 度，变成了任意角，也就是从负无穷到正无穷。但是 sinA=a/c, cosA=b/c, tgA=a/b, ctgA=b/a 这四个基本概念还是没有变。学好高中的三角函数，最根本的还是在这四个基本概念的

第3章 世界上最有效的"记忆术"

基础上,再认真理解"单位圆"的概念。把这个单位圆弄清楚了之后,整个高中的三角函数公式就迎刃而解,不管它怎么变来变去都逃不出我们的手掌心。

"标准圆"就是在坐标轴上以 O 点为圆心,以 1 为直径的圆。从这个圆上任意一点做一条到 X 轴的垂线,这条垂线与 X 轴还有这个点到圆心的连线,正好组成一个直角三角形。如图所示,在直角坐标系上的四个象限的单位圆上任取一点 P(x, y),做 PMMO,则 $\sin O = \dfrac{PM}{PO}$,这里的 PO=1,PM=y,所以 sinO 的值就是 PM 的长度,也就是 P 点的纵坐标值 y。同理,$\cos O = \dfrac{MO}{PO} = x$。这里和初中惟一不同的地方是,初中学习的是 0 到 90 度,所有的值都是非负数,而这里不仅有线段的长度,还有向量值,也就是 x 和 y 可能是负数。在第二象限,y 是正数,而 x 是负数,所以在这个象限里 sinO 是正数,而 cosO 是负数;在第三象限,x 和 y 都是负数,所以 sinO 和 cosO 都是正数;在第四象限,y 是负数,x 是正数,所以 sinO 是负数,而 cosO 是正数。

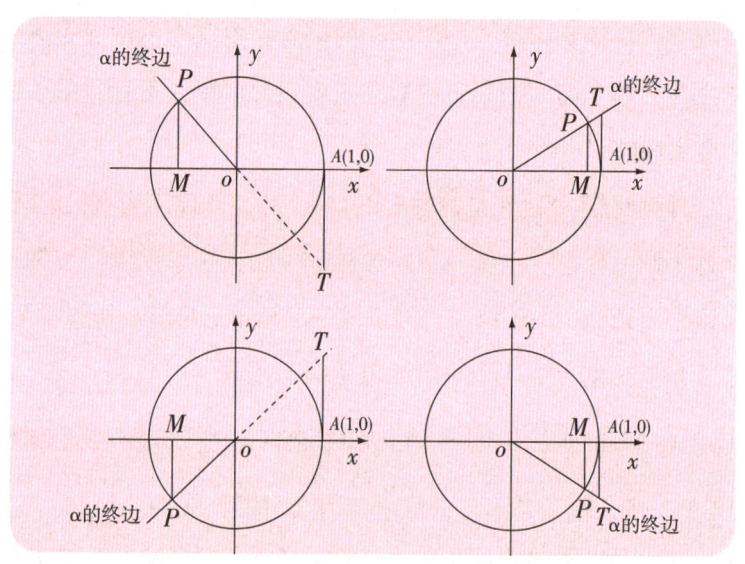

把这个道理彻底梳理清楚之后,高中三角函数的所有角度变化公式就全部都不用记忆了。什么 $\sin(-\theta)=-\sin\theta$,$\cos(-\theta)=\cos\theta$ 你就想到是角度沿着X轴对折过来了,从第一象限跑到第四象限了,再看第四象限对应的y肯定是负数,所以 $\sin(-\theta)=-\sin\theta$,而x值还是正数,所以 $\cos(-\theta)=\cos\theta$。有了这个东西,剩下那些千变万化的什么,$\sin(\theta-\pi/2)=-\sin(\pi/2-\theta)=-\cos\theta$,$\sin(\theta-3\pi/2)=\cos\theta$,$\cos(\theta+\pi)=-\cos\theta$……反正加上一个角度,就是PO往逆时针方向转,减去一个角度,就是PO往顺时针方向转,转到哪个象限,符号是正是负马上就知道了。这样后面三角函数的周期性也顺带着完全弄明白了。

然后就是三角函数和与差的公式，这个也是从单位圆出来的，无非就是单位圆上两个点的距离而已。这个推导课本上都有，看起来推导过程比较长，但只要自己动手在草稿纸上画一下，整个过程就一目了然了。三角函数和与差的公式很复杂，不仅有 $\sin(\alpha+\beta)=\sin\alpha\cos\beta+\cos\alpha\sin\beta$，$\sin(\alpha-\beta)=\sin\alpha\cos\beta-\cos\alpha\sin\beta$，$\cos(\alpha+\beta)=\cos\alpha\cos\beta-\sin\alpha\sin\beta$，$\cos(\alpha-\beta)=\cos\alpha\cos\beta+\sin\alpha\sin\beta$，还有 $tg(\alpha+\beta)$ 和 $ctg(\alpha+\beta)$ 的公式。这些公式颠来倒去的，死记硬背足以把人背出数学恐惧症。如果我们不用"彻底理解＋把握规律"的方法来记忆，永远也别想学好三角函数。

其实，我们只需要记住 $\sin(\alpha+\beta)=\sin\alpha\cos\beta+\cos\alpha\sin\beta$ 这一个公式就行了，剩下的全都可以根据我们的基本概念想出来。因为我们已经把标准圆记在脑子里面了，无论什么角度变化，只要大脑里面好像出现一个闹钟一样：加上一个角，指针就逆时针旋转；减去一个角，指针就顺时针旋转。有了这个东西，怎么变都不会糊涂。

所以，$\sin(\alpha-\beta)=\sin[\alpha+(-\beta)]=\sin\alpha\cos(-\beta)+\cos\alpha\sin(-\beta)$，这里多了个符号，是减，所以要把指针向顺时针方向转动，转到第四象限，y 是负数，x 是正数，sin 值变成负，cos 值还是正值，所以 $\sin(\alpha-\beta)=\sin[\alpha+(-\beta)]=\sin\alpha\cos(-\beta)+\cos\alpha\sin(-\beta)=\sin\alpha\cos\beta-\cos\alpha\sin\beta$。这就出来了，不管是符

号还是 sin 和 cos 的顺序，都绝不会记错。

同理，cos（α+β）= –sin（α+β+π/2）= –sinαcos(β+π/2)–cosαsin(β+π/2)，这里是加上 π/2，指针要逆时针转动，sin 要变成 cos，根据我们的单位圆，我们又可以得出 cos（α+β）的公式了。同样，cos（α–β）= cos[α+（–β）]，我们又可以很容易地知道 cos(α–β)的公式了。至于 tg（α+β），tg（α–β），ctg（α+β），ctg（α–β），我们只要知道最基础的四个概念：sinA=a/c, cosA=b/c, tgA=a/b, ctgA=b/a，就足够了。tg（α+β）= sin(α+β)/cos(α+β), tg（α–β）= sin(α–β)/cos(α–β)……以此类推，看起来无比复杂的两角和与差的公式就很清楚地排列在脑海里面，而且过很长很长的时间，也不会记错一个符号，不会记错一个顺序。这样的记忆效果，又岂是任何一种投机取巧的方法所能够比拟的？

至于本章正文提到的三角函数的二倍角公式，那就更简单了。既然已经知道 sin（α+β）=sinαcosβ+cosαsinβ，那么 sin2α = sin（α+α）=sinαcosα+cosαsinα =2 sinαcosα。后面的 cos2α、tg2α、ctg2α 公式也就可以继续按照单位圆概念及这四个基本概念轻而易举地就想出来了，根本不需要刻意地去记忆它们。所以说来说去，整个初中高中的三角函数那么复杂，其实记住两个东西就行了:第一，sinA=a/c, cosA=b/c, tgA=a/b, ctgA=b/a；第二，单位圆的图形变化。

实际上，有谁记不住吗？任何人都记得住这两个东西，但是，为什么那么多人把初高中的三角函数学视为畏途呢？很多人就是在复杂的公式中转晕了头，而忘记了那些最基本的概念和知识之间最基本的联系。所以，如果我们在学习一个看似很复杂的知识时觉得头痛，我们记忆一些看似很复杂的公式时觉得背完就忘，那么，请立即回到最基础的地方，去理解和寻找规律吧。这才是高效记忆的惟一法门。

第4章
学习的第二原则：
把握规律，系统学习

本章设问:

你认为下面哪些说法有道理:

A. 学好文科主要是背诵能力要强,学好理科主要是理解能力要强。

B. 学好文科主要是理解能力要强,学好理科主要是背诵能力要强。

C. 理解了的东西,自然就记得住了。所以应该先理解后背诵。

D. 记住了的东西,早晚能理解。所以应该先记住再说。

E. 没有理解,就没有背诵。没理解好,什么都学不好。所以理解更重要。

F. 理解了的东西要是没记住,在考场上写不出来,理解得再透彻也没用。记住了的东西虽然不理解,好歹能写在试卷上蒙几分,所以还是记忆重要。

4.1 从大到小

第二天是星期天,李大鹏本来计划下午去给赵璐讲课的,可是一大早就接到一个电话,让他下午两点到省教育厅开会。没办法,就给赵璐打电话把时间改成上午,让她把作业移到下午去做。

"昨天咱们讲了记忆的方法,分成三个步骤,你还记得吗?"

"记得,第一步是彻底理解,第二步是找规律,第三步是逐步记忆。对吧?"

"嗯,不错,回答得很好,看来昨天晚上我走了以后你还是复习了一下的。我昨天讲的这三个步骤,重点在于彻底理解。今天教你怎么找规律——在彻底理解的基础上寻找知识的规律。

"政治书上说:把握了规律,人类就可以改变世界。学习专家李大鹏说:在学习中,把握了规律,我们就可以改变学习成绩。这个规律,向前可以帮助记忆,向后可以加深理解。当然,最终是为了能够提高我们在考场上解题拿分的能力。

"昨天我举的那三个例子,都是我直接告诉你规律是什么的。今天咱们就来看看,在彻底理解的基础上,怎么寻找知识的规律。

"我先问你,什么叫规律?"

"规律,是事物运行过程中自有的、必然的联系。"

"这个回答嘛……嗯……不错,很准确。不过这个是规律的哲学定义,是政治书上教的。咱们今天要学习的规律呢,没有那么高的层面,主要就是指知识的规律,尤其是咱们高中这几门科目的知识的规律。所以呢,可以稍微改一下:规律就是知识内部的必然联系。

"那么,知识内部有什么必然联系呢?"

"不知道。这个太深奥了,不懂。"赵璐露出一脸无奈的表情。

"这样,我们还是来举例说明吧。分解质因数,这是一个数学知识,还是一个物理知识?"

"晕,当然是数学知识。虽然我学习成绩不好,你也不用举这么简单的例子来教我吧?这是小学三年级学的吧,我都高三了耶。"

"别着急,难度是一步一步提高的嘛。下面是第二个问题:文言文赏析,是一个语文问题,还是一个英语问题?"

"语文问题。"

"为什么?"

"为……为……为什么?"赵璐张大嘴巴,一时反应不过来,"这有什么为什么?本来就是嘛,英语里面又没有文言文。"

"真正的规律,往往就隐藏在最简单的现象里面。昨天,我们从'中国历史,世界历史'这八个字开始,逐步写出了整个历史知识的体系,把整个高中历史的内容全都包含进来了。今天,我问了你两个最简单的分类问题,也可以最终把所有知识的规律都包含进来。"

李大鹏说到这里，故意停了下来，似笑非笑地看了赵璐一眼，端起水杯慢条斯理地喝了一口，才接着说："文言文之所以要放在语文课本里面讲，是因为它属于我们汉语言文字方面的内容。分解质因数之所以不放到物理里面去讲，是因为它属于数字的关系问题，而不是物体运动变化的原理。这说明，我们中学里面把知识分成几个科目来讲，而不是混在一起讲，是有道理的。

"沿着这条思路往下想。既然科目的划分是有道理的。那么，科目内部，比如数学分为代数和几何，历史分为世界历史和中国历史，物理分为力学、电学、光学，那显然也是有道理的。

"再往下想。数学里面的几何，我们先学直线和线段，再学平面几何，再学立体几何，也是有道理的。平面几何里面，先学点和直线，再学角度和平面，再学三角形，再学四边形……这样的安排也是有道理的。

"总之，任何一个科目的知识，要分成小学、初中、高中来学习，高中又要分成三年来学习。每一年的内容又要分成很多章来学习。每个章又要分成很多小节来学习。那么，这些章节，哪个放在前面，哪个放在后面，哪个放在中间……全都是有道理的。

"这些道理是什么？这些道理就是知识的内在联系！

"我们学习的知识，就好像一棵大树，根深叶茂。一个一个的知识点——比如单一的数学公式、化学方程式——就好像树上的叶子。但在浓密的树叶下面,隐藏着大树的枝干。这些枝干,就是知识之间的内在联系——它们把无数片知识的叶子连接在了同一棵树上。

"你看看我们昨天画的三幅图:第一幅,背诵《沁园春·长沙》的图;第二幅,记忆全等三角形知识的图;第三幅,记忆历史知识的图。这三幅图的结构都是一样的:那些最右边的小知识点就是树叶,树叶下面一层一层的就是知识的树干和树枝。

"我们要寻找知识的内在规律,一个最基本的方式就是:先找到树干,再找树枝,最后再来找树叶。这样是最省力的。因为树干最明显最好记,比如'中国历史'就是一棵大树的树干,古代史、近代史、现代史就是大分支,古代史下面又有原始社会、奴隶社会、封建社会等小分支;最后才到一些具体的历史事实。这样梳理知识的内部联系是最通畅的。

"如果反过来,先找树叶,那么多无穷无尽的知识点,看的你头晕眼花,学习起来就很痛苦,就会迷路。

"我给你举个生活中的例子。咱们中国有十几亿人,叫赵璐的估计有十几万。我要是想在北京给你寄东西,就在信封上写个'赵璐',能寄到你手上吗?不可能。邮局的人肯定骂我是神经病。即使我把你照片也贴在信封上,还是不可能。

"那么,怎么才能寄到你手上呢?只能一层一层地过滤。先说最大的——你住在某省,然后说某市,逐步往下走,最后把你这个人给确定了。所以你的地址就是:

南方省胡州市胡边镇梧右街5号59室赵璐 收

"这样邮局就知道:怎么在960万平方公里的土地上,在13亿人之中把你找出来,把东西递到你手上了。这个图可以画成这样:

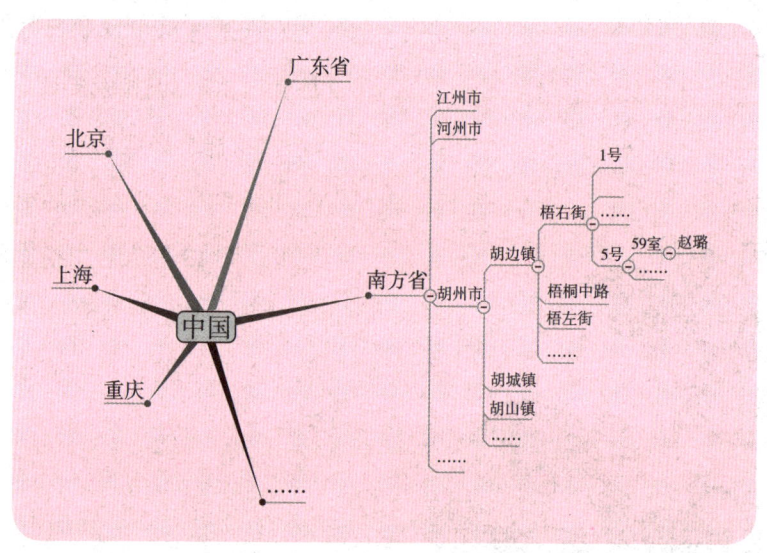

"这张图上,中国就是最大的一棵树,各个省市自治区就是一些主要的分支,每个大分支下面的市就是小分支,然后到镇、街道、门牌号,最后到你——赵璐。你就是最后这片绿叶。按照这个顺序,很快就把你这个人从13亿人里面给找到了。

"如果我们的知识也是这样整齐有序地排列在大脑里面,当我们需要找的时候,也就很容易找到了。

"比如昨天我问你记不记得毛泽东的《沁园春·雪》,你说,好像有什么'同学少年'。这就是先从绿叶开始想问题。这样你很难长久地记住这首词的内容。尤其诗词背多了之后,更容易混淆。

"而我告诉你的是什么?——这首词写的是毛泽东回长沙的

所见所想。这就是先从树干开始思考和记忆的方式。记住了这个主干,逐步往下走:他回长沙看见了什么?想到了什么?慢慢地就把整首词给想起来了。

"如果有人问,你上个学期数学学了些什么,你应该怎么回答呢?应该说:学了解析几何,主要是圆锥曲线,包括圆、椭圆、抛物线和双曲线等。

"这样回答,说明你学习的时候思路清楚,把知识的最基本的联系把握好了。如果回答说:学了椭圆的面积公式,还有一些别的公式。那就说明你的解析几何学得可能有点混乱。

"所以,我们寻找知识的内在联系的方法,就可以概括成四个字:从大到小。"

4.2 《雨霖铃》的规律

"怎么样,这几个字很简单吧?"李大鹏得意地一笑,看赵璐没什么反应,又接着说,"下面,我还是给你举例来说。昨天给你布置了几道思考题,其中有一道是背诵柳永的《雨霖铃》。你想了吗?用我教你的方法尝试着背了吗?"

"哎呀,"赵璐有点不好意思地说,"我昨天晚上想了来着,有点感觉了。不过昨天晚上都在做老师发的卷子,没有时间细想。本来说今天上午做的,结果你又把讲课的时间改到上午了,所以……"

"所以你就啥都没做？"

"本来就是你要改时间的嘛。"

"嗯，有道理。"李大鹏喝了口水，点了点头，似乎对赵璐的话深表赞成，"那我还是详细地给你讲吧。我们的记忆三部曲是：先彻底理解，再寻找规律，然后逐步记忆。这首词你们以前语文课上教过，我估计你应该能看懂吧？"

"能。"

"在彻底理解的基础上，我们就开始找规律。找规律的方法呢，就是从大到小、从上到下。我们先从最大的方面思考：这首词讲了什么，能概括出来吗？"

"好像是和人告别吧。"

"正确。再具体一点：和什么人告别？"

"和女朋友，哈哈哈。"赵璐说着自己大笑起来。

"嗯，正确。所以，我们首先要知道这首词是柳永和自己的恋人道别时候写的。这是最大的树干，也是最简单最容易记住的，对吧？同时，它也最能激发我们的想象力，把整首词全部串起来的。我们先画出来。"

雨霖铃：和恋人道别

"然后我们再分析这首词的主要结构，也就是树干上大的分支。这首词其实就分为两个部分：上半部分和下半部分。

"上半部分是叙事,讲道别的细节;下半部分是抒情,是道别之后作者的感受。对吧?"

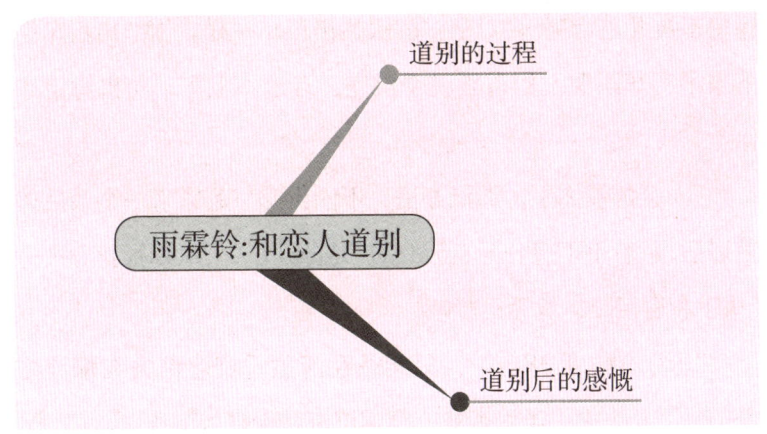

"现在再总结更细的枝节。先说道别的过程。

"既然是道别,就要知道时间、地点、人物,起因、经过、结果。人物我们已经知道了,柳永和他的恋人。时间:一个秋天的傍晚,刚下过雨——'骤雨初歇'。地点:河边的亭子——'对长亭晚'。这个'晚'也是在说时间的。河边还有知了在叫——'寒蝉凄切'。当然,它为了韵律和意境,把这个顺序稍微颠倒了一下,第一句是:'寒蝉凄切,对长亭晚,骤雨初歇。'

"时间地点交代清楚了,然后该说干什么了。干什么呢?道别。怎么个道别法呢?古代也没有什么太多的休闲娱乐活动,基本上就是喝酒,而且是喝闷酒——'都门帐饮无绪'。'无绪'就是喝得很没有情绪嘛。

"喝得正爽,喝出感情来了——'留恋处'。这个时候出了啥事?船夫开始催了:'赶紧上船走人,别耽误我时间。我今天还想多拉几趟活呢。'对吧?就跟拦出租车一样。你把出租车拦下来了,却跟朋友们道别说个没完,迟迟不上车,司机肯定跟你急。所以是——'兰舟催发'。

"人家都催你了,那没办法,不能再喝,赶紧来一个最后的道别吧,牵着手不想分开,但最后还是分开了,大家都很伤心——'执手相看泪眼,竟无语凝噎'。

"上了船,船开走了,只能站在河边看着它消失在烟波之中——'念去去、千里烟波,暮霭沉沉楚天阔'。"

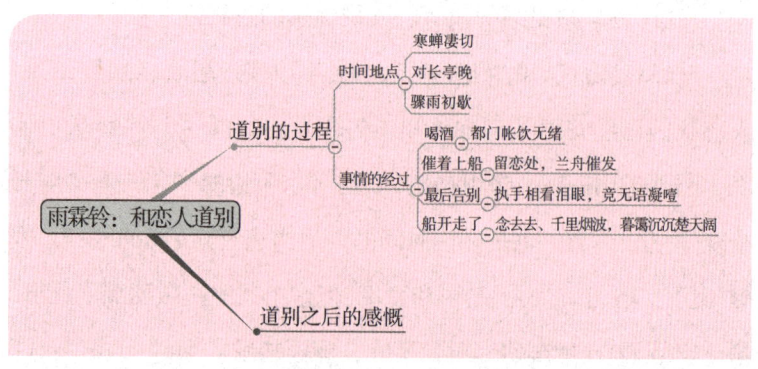

"人都走了,道别就算完了。接下来就剩作者一个独自发表感慨了,对吧?什么感慨呢?首先肯定是很伤心,尤其是秋天这个季节更是让人多愁善感——'多情自古伤离别,更那堪冷落清秋节'。

第4章 学习的第二原则：把握规律，系统学习

"伤心完了，由于刚才酒喝太多，加上心情不好，估计就直接躺在河边的亭子里睡着了。醒来一看，月亮都出来了。所以是——'今宵酒醒何处，杨柳岸，晓风残月'。

"伤心完了，酒也醒了，接下来就要考虑以后的生活该怎么继续了。要和恋人分开一年，以后干什么都没心情了——'此去经年，应是良辰好景虚设'。良辰就是好时光，比如过生日的时候没有知心朋友在身边，这个好时光就没啥意思；好景就好风景，再好的风景，一个人独自欣赏，也总觉得无趣。有啥心事，也没人倾诉了，所以最后总结——'便纵有、千种风情，更与何人说'。"

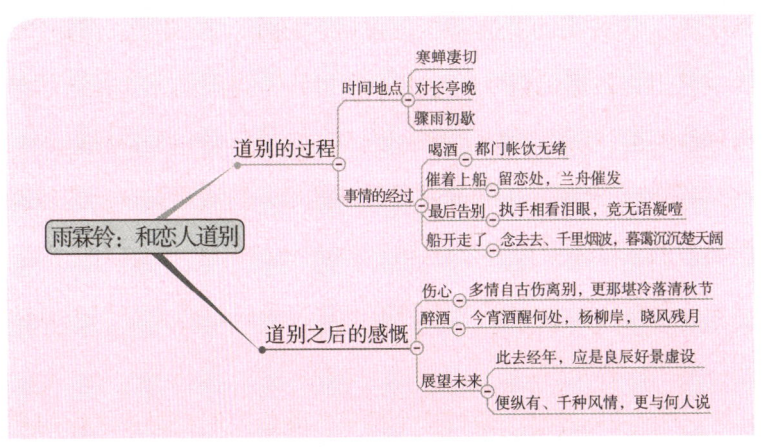

"画出这幅图以后，我们的记忆思路就很清楚了。现在闭上眼睛，脑子里面浮现出柳永和恋人道别的整个场景：

> 秋天的傍晚,刚下过雨,还有知了的叫声。码头的长亭边,柳永和恋人在帐幕里喝酒道别。喝得正在兴头上,船夫催着赶紧走。没办法,两个人牵着手依依惜别,泪眼矇眬。最后,柳永看着恋人的小船消失在烟雨之中,不由得感慨万千,觉得特别伤心。随后,他在酒精的作用下睡着了,醒来一看:杨柳岸,晓风残月。唉,这一走就是一年,日子没法过了。好东西也不想吃,好景致也不想看,心里有话也找不到人说去。

"把这个场景过一遍之后,我们再一句一句地去挨个背。一溜下来,这首词的背诵基本就没啥问题了。按照先总结树干,再找枝节,最后到树叶的这么一个过程,我们就把这首词的结构理清楚了,找到规律了,然后记忆就变成了一件很容易的事情。

"需要注意的是:我的翻译并不准确,是我根据自己的理解串起来的。具体应该怎么翻译这首词,想象一些什么样的细节,关系不是很大——只要不太离谱就行,主要目的还是为了有助于梳理全文的脉络。

"关键的问题是,通过这个例子,我们要明白寻找规律的基本原理:从大到小——先概括全文,然后逐步梳理结构。"

4.3 万事开头难：梳理知识规律的第一步

"前面我们讲的是诗词。下面我们来看看，这个'从大到小'在寻找理科知识规律时候，是怎么发挥作用的。我来举一个物理的例子。"

"啊，物理？"赵璐一听就有点蒙，"老叔你没搞错吧？我是学文科的呢。两年没学物理了，早忘得一干二净的。再说了，这个高考我又不考。"

"知道，知道。我就是故意找个你没怎么学的来给你讲，让你体验体验找规律的过程。等你把找规律的方法彻底理解了，我再慢慢帮你梳理你高考要考的知识。"李大鹏说着，从包里掏出一张纸出来，递给赵璐，"这是我从人民教育出版社的网站上下载的八年级物理下册的目录。"

功勋卓著的电与磁

第六章　电压电阻

一、电压

二、探究串、并联电路电压的规律

三、电阻

四、变阻器

第七章　欧姆定律

一、探究电阻上的电流跟两端电压的关系

二、欧姆定律及其应用

三、测量小灯泡的电阻

四、欧姆定律和安全用电

第八章　电功率

一、电能

二、电功率

三、测量小灯泡的电功率

四、电与热

五、电功率和安全用电

六、生活用电常识

第九章　电与磁

一、磁现象

二、磁场

三、电生磁

四、电磁铁

五、电磁继电器　扬声器

六、电动机

七、磁生电

第十章　信息的传递

一、现代顺风耳——电话

二、电磁波的海洋

三、广播、电视和移动通信

四、越来越宽的信息之路

索引

致谢

后记

"为什么给你看这个呢？不是教你学物理——你现在也不学物理，而且你们学校用的也不是人教版的教材。只是这个目录好找，所以我就用它来给你做个示范。

"以前我也教过别人这个寻找规律的方法，很多人觉得最大的难点就是：不知道从哪里开始动手。换句话说，就是没有头绪。俗话说得好：万事开头难。让一个不习惯梳理知识体系的人，完全在一张白纸上开画，确实有困难。我就给他们说了两个方法。

"第一个方法，是去找别人画好的这种知识结构图，在此基础上进行修改。这种图很多教辅资料里面都有。虽然有的知识结构和我们用的教材的结构并不完全一样，这个没关系——要是完全一样可能反而不好，会让人产生依赖心理，不去自己动脑筋——可以自己对照着课本，在别人的基础上修改，最后修改得自己看着通畅了，和自己的学习过程一致了，就行了。

"第二个方法，就更简单一些。你要梳理什么科目的知识，只要打开教材的目录就可以了。一般来说，目录所展示的内容顺序都是经过精心编排的——不同种类的知识，放在不同的章节里面。比如电学和力学，肯定不会合成一章来讲。比较基础的知识，肯定要放在前面讲，然后再逐步推演出比较复杂的。所以，我们可以直接根据目录的顺序，从大到小，画一张草图，然后在这张草图上修改。最后，修改到自己觉得思路理清楚了，看着明白，记起来轻松了，就算修改完成了。

第4章 学习的第二原则:把握规律,系统学习

"按照这个目录,我们可以把八年级下学期的整个物理知识给画成这样一个结构图:书名是树干,每个章是大分支,每个节是小分支。"

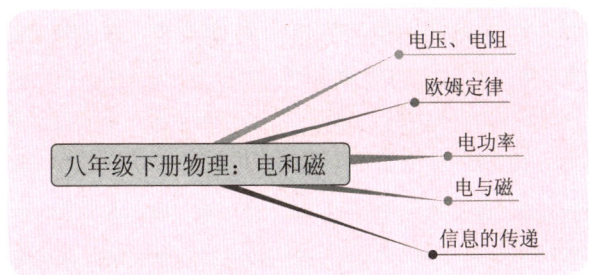

"这是章的结构,下面我们把节也添加上去。"

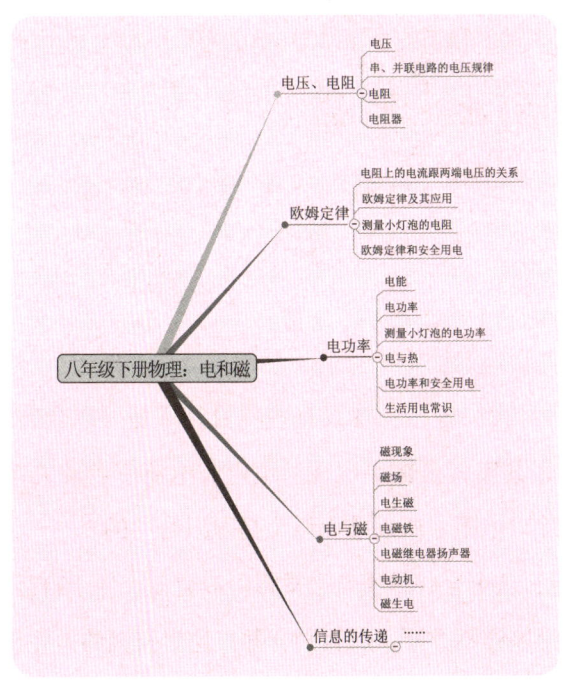

"实际上,你在画的过程中,就可以把很多内容简写——比如'欧姆定律及其应用'可以写为'欧姆定律'——反正自己能看懂就行。有些实验性或者科普性的章节,我们可以不要,因为我们要专注于梳理知识的体系,修改一下,变成这样。"

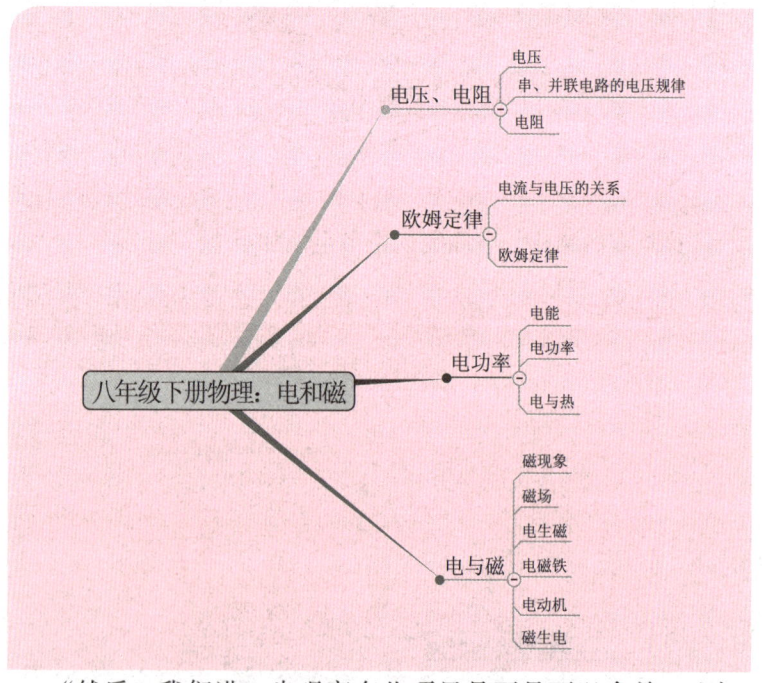

"然后,我们进一步观察有些项目是不是可以合并。比如,欧姆定律,其实就是在讲电压、电阻、电流三者的关系:电流等于电压除以电阻。所以前面两个是可以合并的。

"注意!这个合并是我自己觉得可以合并,便于自己理解的,如果你觉得这样不方便,那就别合并!这里强调的是凭感觉——

又是凭感觉——也就是依靠自己的理解来整理，自己觉得怎么合理就怎么合并。一个基本原则就是能合并的尽量合并，每一个层级的要点尽可能的少，但同时又要把所有的内容都包含进去。

"而且——更重要的是——这样的变化是建立在我对这部分的知识彻底理解的基础上的：我已经把这个部分的课本内容看了好几遍了，看懂了，然后再来总结这个规律。如果一本书我看都没看或者看得一知半解，上来拿着目录就开始整理'知识体系'，那就是胡闹。明白吧？"

"明白、明白，接着往下讲吧。"

"在理解的基础上，经过我们自己的加工整理，这个框架大概可以变成这样。"

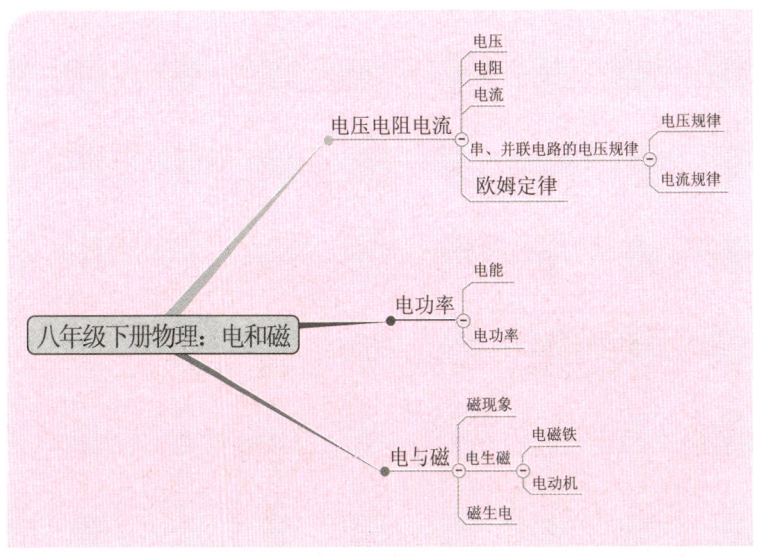

"这就是我们八年级下册物理所学的知识结构了。怎么样，看起来挺简单的吧？接下来，我们再来找树叶。这个在目录里面就没有了，要到课本里面去'按图索骥'。比如串联、并联电路的电压电阻规律，咱们就到课本里面去找：串联电路上各个电阻的分电压之和等于总电压，分电流等于总电流。并联电路上的分电压等于总电压，分电流之和等于总电流。比如电能，电做功可以转化成三种能量：热能、机械能、化学能。后面两个这本书里面都没详细讲，就讲了个热能。$Q=I^2Rt$。电功率的公式就是 P=UI。欧姆定律的公式是 $R=\dfrac{U}{I}$。这些树叶，都可以进一步细化，添加到我们的枝节上去。"

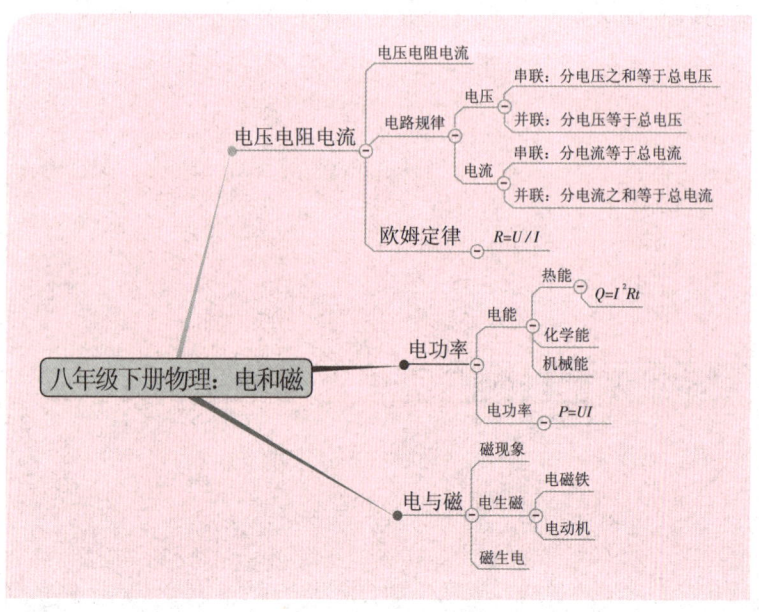

"通过这么一步一步的梳理,在我们的脑海里面,就有了一张清晰明了的知识结构图,我们再来看物理知识,不论是理解、记忆、解题,都会轻松很多。这样一看,一本物理书其实没讲啥东西嘛,对吧?"

"哈哈,在你看来当然什么都简单。"赵璐笑着回应。

"你要是把这个方法运用熟练了,变成自己的思维方式了,那在你看来也是什么都很简单了。

"实际上,这个图还可以更简单。你看图上的这三个公式,实际上都是互相联系的。电功率(P)就是电做功的效率,也就是电功除以时间(t)。热能(Q)就是电做功的一种,所以电功率可以写成热能(Q)除以时间(t):$P=\dfrac{Q}{t}$。也就是 $Q=Pt$。所以 $Q=UIt$。

"如果再考虑欧姆定律,$R=\dfrac{U}{I}$,所以 $U=RI$,所以 $Q=Pt=UIt=(RI)It=I^2Rt$。这样我们就把热能的公式直接推出来了,不用去死记热能公式了。知道了这个关系,我们在考场上,忘了其中任何一个,都能通过另外两个把它给想起来。这就给我们的记忆和解题能力增加了'双保险'。

"除了热能,还有化学能什么的,但书中既然没有仔细讲,说明我们还没有到要彻底掌握它的程度,所以咱们也不用去管它。这样就可以把图画得更清楚。"

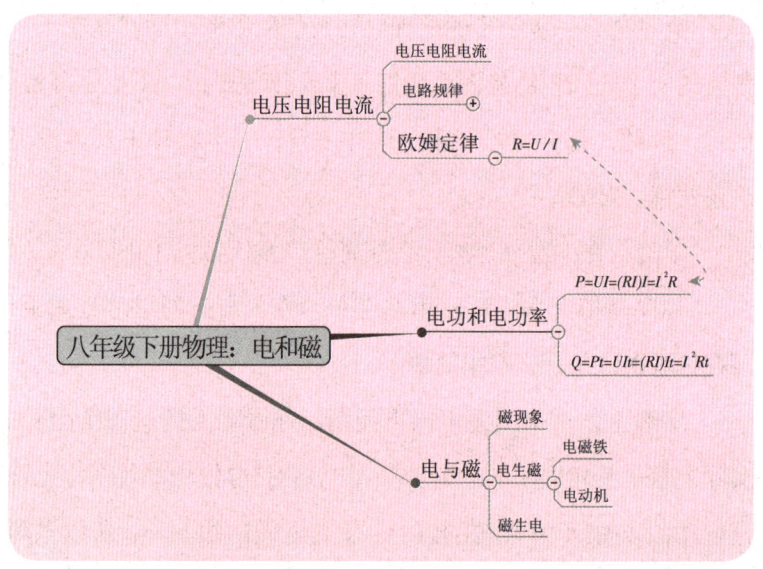

"这个图咱们就算画完了。按照从大到小的顺序,参照目录一步一步地这就画出来了。

"你要记住:我画出来的东西并不是标准答案,也不是说我画的图就是最好的。

"这张图,是我按照自己的想法归纳整理总结出来的,用来方便自己梳理清楚物理知识的。如果你来画,应该自己开动脑筋,怎么清楚怎么画。

"刚开始的时候,会画得比较痛苦,结构上也会比较混乱,但是慢慢来,最后一定能形成清晰的知识思路,把各个科目纷繁复杂的知识点,井井有条地放在自己脑海里,很长时间也忘不掉。需要的时候,按图索骥,很快就能找出来用了。这种通过梳理知识体系、寻找知识规律来进行学习的方法,我们给它起个名字,叫'系统学习法'。"

4.4 如何找到"语感":语文和英语学习的特殊策略

"我们这个通过寻找知识规律、梳理知识体系来进行学习的方法——也就是系统学习法,对政治、历史、生物、化学、物理、地理,都非常有效。这些科目的全部知识,都可以用这个方法把它们归纳整理出来,建立起非常清楚的思路。

"但是,有两门科目比较特殊:语文和英语。在这两门科目中,我们的系统学习法只能局部使用,没有办法画出一张整体的语文或英语知识结构图出来。这是为什么呢?

"因为,系统学习的方法强调的是知识的'规律'。对于有规律的知识,我们的方法就一定有用,而且一定是最好最有效的。我们的历史、政治理论是有规律的,物理、化学的知识也是有规律的,所以一旦你把它们彻底理解了,找到规律,画出这么一张图出来,这些知识就会变得非常非常简单。

"但是,语文和英语是两门语言,它们是人们在生活中约定俗成的表达方式,有些地方有规律,但有很多地方它就不讲规律——或者说叫不讲道理。比如,英语动词的过去时态的规律是动词后面加 ed,但是 go 的过去时却是 went。这个就完全不讲规律,咱们也没办法,只能是熟能生巧,通过反复的阅读和运用来掌握它。

"语文的作文——这个我以后要跟你讲——谋篇布局是有规律的,我们有办法对付它,可以在考场上快速形成写作思路。但是,你的文笔是不是很优美、文采是不是很动人,这些暂时还没有什么规律可循,也没办法通过画图的方法来把文采画出来。

"所以,我们才说,找规律的方法,对付数学物理化学这些纯粹讲究客观规律的科目,可以解决几乎 100% 的问题;对于历史政治这种社会科学——主要针对中学的学习内容而言——可以解决 90% 以上的问题。而对于语文和英语,则只能解决部分问题:主要包括语法规则、阅读理解、写作构架等可以找到规律的方面。而对于一些特殊用法和文学性的东西,就只能靠长期的阅读、练习和感悟去把握了。"

"哦,还好、还好,我语文、英语还可以。呵呵呵。"赵璐听了拍着手儿笑道。

"客观地讲,这确实是你的一个优势。"李大鹏赞同地点点头,"从成绩提高的速度来说,语文、英语是最慢的。"

"那什么提高最快啊?"

"数学。"

"数学?"

"对,数学。因为它是最有规律的。它的内容看起来很多，其实都是从一些很简单的概念变化出来的。一旦你把这些基本概念理清楚，很多以前看都看不懂的题目就变得轻松愉快了。像你这种150分的数学考个60、70分的，两三个月提高个40~50分那是稀松平常事。"

"啊？！"

"怎么，不信？"

"本来不信的，不过上回你给我讲完三角函数以后我好像有点信了。我估计光这三角函数，我以后就能多拿个十来分。"

"嗯。"李大鹏高兴地点点头，"咱们还是回过头来说语文和英语。虽然我们这个系统学习的方法，在很多需要'语感'的地方不能直接用，但并不代表它就完全无能为力。恰恰相反，从我这么多年的实践来看，系统学习的方法在培养英语语文的'语感'方面非常有效。你知道为什么吗？"

"真晕。"赵璐连连摇头，"怎么又有效了？刚才不还在说没什么办法吗？"

"提高'语感'，没有直接的办法，但有间接的办法。这次我先把这个间接的方法和直接的方法的图画出来，你自己来看图，能不能通过这幅图理解我说的'间接的方法'是个什么意思？"李大鹏说着，又把白板上所有的东西擦掉，在中间写了个"系统学习：彻底理解、把握规律"，然后列举了系统学习的三个分支梳理解题思路、梳理知识体系和梳理文章结构，一级一级地画出了一张系统学习的大图。

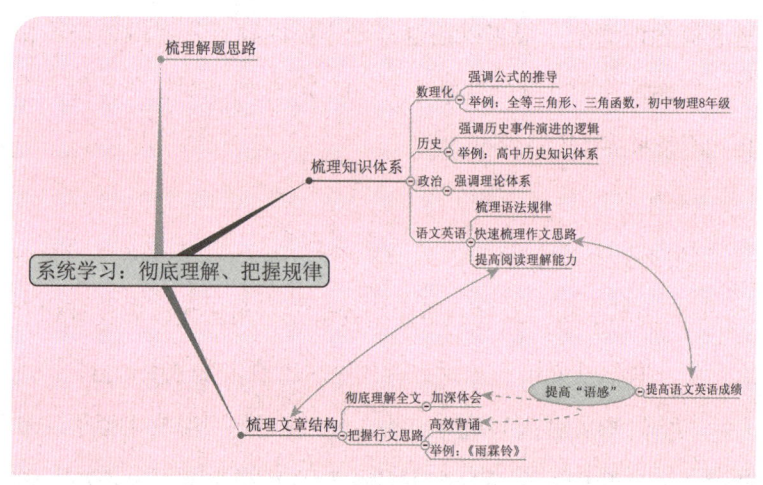

"梳理解题思路是什么意思?好像没讲过啊。"赵璐问道。

"这个我们后面会讲。你重点看这幅图里面和语文英语相关的部分,能明白什么意思吗?"

"让我看看……嗯……梳理语法规律……提高阅读能力……语感……"赵璐盯着白板,嘴里念念有词,翻来覆去看了大概有个十分钟,"哦,这个图里面的语文英语好像是分成两个部分。"

"哪两个部分?"

"一部分是梳理知识体系,一部分是梳理文章结构。"

"嗯!"李大鹏很高兴地点点头,"能看出两个部分来,不错。这两个部分分别用来干什么呢?"

"梳理知识体系主要用来学习英语语文的语法规律,快速梳理作文思路和提高阅读理解能力。嗯……这个提高阅读理解能力和梳理文章结构好像也有点关系,对吧?我看你那里画了根虚线。"

"那第二个部分呢?"

"第二个部分?"赵璐有点反应不过来,迟疑了一会儿才明白,"哦,你说梳理文章结构吧?可以用来彻底理解全文和把握行文思路,然后就可以加深理解和高效背诵,然后就可以提高'语感',然后就可以提高英语语文的成绩。是这个意思吧?"

"是!"李大鹏非常肯定地点了点头,"你理解的完全正确,非常清楚,没有任何错误!"

"Oh,耶!"赵璐很开心地伸出两个指头摇了摇,装出一个可爱的表情。

"那我刚才说了学习语文英语要用到'间接的方法'。你现在能不能告诉我,这两个部分,哪个是直接的方法,哪个是间接的方法?"

"嗯……"赵璐又盯着白板看了一会儿,"梳理文章结构是直接的方法,梳理知识体系是间接的方法。"

"噢?为什么?"

"啊……这个……因为,你这个图里面'提高语文英语成绩'是放在'梳理文章结构'后面的,所以它比较直接;而'梳理知识体系'是你用虚线和'提高语文英语成绩'连起来的,所以是间接的方法。"

"哈哈哈，你还真会'看图说话'。"李大鹏忍不住笑了起来，"不过很遗憾，你只看到了图的表面，没有看清这幅图的要表达的真实含义。你再想想看。"

"不用想了，肯定是'梳理文章结构'是间接的方法，'梳理知识体系'是直接的方法。"

"噢？为什么呢？"

"因为反正它们一个直接一个间接。既然你让我再想想看，说明我第一回猜错了，那肯定反过来就对了嘛。嘿嘿。"赵璐很得意地笑着说。

"你的思路还是很有创意的。你这个思路，在解题方法里面有个专用名词，叫'排除法'。这个方法可以用来解决一些选择题——如果 ABC 三个选项都错了，那么不用看也知道 D 肯定是正确答案。但是，这个方法如果用来解决问答题，那就只能得零分。所以嘛，嘿嘿，我这个是问答题，不是选择题。

"为什么说'梳理文章结构'是一种间接的提高英语语文成绩的方法呢？这是因为它和我们梳理物理、历史等科目的知识体系不同，它并不是直接把那些考试要考的知识点给整理出来，而是中间要经过两次过渡才能变成考场上解题得分的能力。那就是：通过梳理文章结构，加深对文章的理解和提高记忆效率，以此为支撑，通过大量的阅读和背诵，来提高'语感'。有了好的语感,才能在英语阅读、完形填空、写作和语文的文言文阅读、现代文阅读和作文等题目上得高分。

"'语感'这个东西,虽然很难把它说清楚,但它绝不是虚无缥缈的东西。它是通过实实在在的、大量的阅读和背诵逐步积累起来的。所以我们古人才说'读书破万卷,下笔如有神','熟读唐诗三百首,不会作诗也会吟'。

"英语的阅读理解,中高考的生词量是严格限制在 3% 的范围内的,也就是说一篇 120 个字的文章,除了人名地名以外,生词不会超过 4 个。我们经过调查发现,大部分学生在反复阅读 6~7 遍之后,基本都能很好地理解全文。这说明大家的单词语法都问题不大。实际上,一般情况是只要生词量不超过 5%,我们最后总是能把一篇文章读懂的。

"但是,在考场上,每篇文章从阅读到做题的时间都限制得很死,你想把它翻来覆去读个六七遍,彻底读懂之后再解题,一篇文章就要花半个小时,时间肯定来不及。

"所以,我们必须在平时积累大量的阅读经验,提高阅读速度。语文的文言文也是一样的情况。这些东西没有太多的技巧,就是你阅读和背诵的量上去了,速度自然就快了,分数也自然就高了。所以说,虽然我们的英语语文考试基本不会考你默写某篇文章,但是几乎所有的老师都会要求大家背诵一些英语和语文课文,就是这个原因。

"所以，提高'语感'的关键就在于提高阅读理解和背诵的效率！而说到阅读理解和背诵，通过刚才我给你举的《雨霖铃》的例子，我们可以看出，彻底理解和寻找规律的系统学习法，是提高阅读理解和背诵文章的最佳途径！古诗词是这样，文言文是这样，现代文是这样，英语的课文和其他各种文章也全都是这样！

"把英语的课文读熟了、背熟了，很多单词和语法自然就记住了；把文言文多读几篇、多背几篇，文言文的阅读就轻松愉快了；多背点好诗好词、名家名篇，那么语文的诗歌赏析、现代文赏析和写作，肯定能够多拿不少分数。

"下面，我举一篇英语阅读的例子，来看一下我们的系统学习的思想是怎么样提高阅读理解和背诵效率的。"

李大鹏说着，从包里抽出两页纸来："这是一篇英语课文，叫 ENGLISH AROUND THE WORLD。我们就拿它来看一下。"

4.5 系统学习实战教学：英语文章的理解与背诵

ENGLISH AROUND THE WORLD

English is a language spoken all around the world. There are more than 42 countries where the majority of the people speak English.
注：Language：语言；spoken：speak "说"的被动语态，表示"被说"，用来修饰 language；There are：there be 句型，表示"有"；where 后面是表示地点的定语从句，修饰 countries，where 在这里可理解为 "in the 42 countries"。
翻译：英语是一种世界性的语言（直译：英语是一种在全世界都"被说"的语言）。有超过42个国家里的大部分人都说英语。
Most native speakers of English are found in the United Kingdom, the United States of America, Canada, Australia, South Africa, Ireland and New Zealand.
注：majority：大部分；native：本国的，本民族的；Native Speaker of English：以英语为母语的人；Found：find 的被动语态，表示"被找到"。
翻译：大部分以英语为母语的人都居住在（直译：在……被找到）英国、美国、加拿大、澳大利亚、南非、爱尔兰和新西兰。
In total, for more than 375 million people English is their mother tongue.
注：total：全部；for：对于……来说；tongue：舌头、发音、语言；mother tongue：母语；equal：相等的。
翻译：总共有超过3.75亿的人以英语为母语。（直译：总共加起来，对于超过375百万人来说，英语是他们的的母语。）
An equal number of people learn English as a second language.
注：as：把……作为……；Perhaps：可能。
翻译：大致有相同数量（注：指与母语的人数约3.75亿大约相等的数量）的人把英语作为第二语言来学习。
These people will perhaps speak the language of their own country at home with their family, but the language of the government, school, newspapers and TV is English.
注：own：自己的；government：政府。
翻译：这些人可能在家里和他们的家人说自己国家的语言，但在政府、学校里面以及报纸和电视上用的语言却是英语。

This situation is found in countries such as India, Pakistan, Nigeria and the Philippines.

注：newspaper：报纸；situation：情况；found：find 的被动语态，表示被发现，被找到；such as：比如。

翻译：这种情况（注：把英语作为第二语言的情况）在很多国家都有，比如印度、巴基斯坦、尼日利亚和菲律宾等国。

However, the number of people who learn English as a foreign language is more than 750 million.

注：However：但是；foreign：外国的，国外的；foreign language：外语；million：百万。

翻译：但是，把英语作为外语来学习的人的数量超过了7.5亿（直译：750 百万）

Everywhere in the world children go to school to learn English. Most people learn English for five or six years at high school.

翻译：在世界上的任何地方，孩子们都要上学学习英语。大部分人会在中学学习五到六年的英语。

In China students learn English at school as a foreign language, except for those in Hong Kong, where many people speak English as a first or a second Language.

注：for+ 时间段，表示持续了多长的时间；except for：除了……以外；those：那些，那些人；where 引导的是表示地点的定语从句，修饰 Hong Kong，这里 where 可以理解为 "in Hong Kong"。

翻译：在中国，学生们在学校把英语作为一门外语来学习。但是香港除外，这里很多人将英语作为第一或第二语言。

In only fifty years English has developed into the language most widely spoken and used in the world.

注：develop into：发展成为；has developed：have（has）+ 动词的过去分词形式，表示 "已经" 发生了某事。这里 has developed into 的意思是：已经发展成为；这句话完整的表达应该是：In only fifty years English has developed into the language which is most widely spoken and used in the world. 其中 which 后面是定语从句，用来修饰 language。spoken 和 used 分别是 speak 和 use 的被动语态，表示"被说"和"被使用"。这里 which is 被省略掉了。

翻译：在仅仅50年的时间里，英语已经发展成为了全世界使用最广泛的语言。

English is the working language of most international organizations, international trade and tourism.
注：working：动词+ing 可以用来做形容词，一般翻译为汉语可以直接翻译成该动词的原意，这里 working language 的意思就是"工作语言"；International：国际的；trade：交易、贸易；organization：机构；tourism：旅游业。
翻译：英语是大多数国际机构、国际贸易和国际旅游行业的工作语言。
Businessmen and tourists often come to China without being able to speak Chinese.
注：Business：商业；Businessmen：商人；tourist：旅行者；Be able to：能够。
翻译：有些商业和旅行者经常来中国却不会说汉语。
Chinese businessmen, taxi drivers and students talk with them using English.
翻译：中国的商人、出租车司机和学生就用英语和他们交谈。
English is also the language of global culture, such as popular music and the Internet.
注：also：也；global：地球的、全球的；culture：文化。
翻译：英语也是全球文化（交流所使用）的语言，比如流行音乐和互联网。
You can listen to English songs on the radio or use English to communicate with people all around the world through Internet.
注：radio：无线广播；communicate：通讯、沟通。
翻译：你可以在广播上收听英文歌曲，或者在互联网上与世界各地的人沟通。
With so many people communicating in English every day, it will become more and more important to have a good knowledge of English.
注：more and more+ 无比较级形式的形容词或副词，表示越来越……；knowledge：知识；it 在这里代表的是"to have a good knowledge of English"。
翻译：随着如此多的人每天都在用英语交流，学好英语（直译：有一个好的英语知识）也就变得越来越重要了。

赵璐拿过来一看，吃惊不小："哇塞，老叔你也太认真了吧，居然注释得这么详细，还一字一句地给我翻译出来了！"

"我这是给你做示范，说明什么叫'彻底理解'。在阅读英语文章的时候，能够做到我这个样子，就叫彻底理解了。"

"晕，那读一篇文章得花多少时间啊？光写这么多字就得花上十几分钟吧。"

"唉，也不用像我这样完全写出来嘛，主要是自己心里知道要读到什么程度才算彻底理解。我这是写给你看的，我自己看英语文章也不会这么详细地写出来的。看英语文章的时候呢，要先通读，理解文章的大概意思；然后细读，尽可能多地理解文章的细节；然后整理出全文的结构和思路，并在此基础上进行背诵。具体的读法，我以后还会更详细地给你说的。现在呢，我就先给你详细地写出来。假设你已经'彻底理解'了全文的意思，然后我们就运用背诵柳永《雨霖铃》的方法来梳理全文思路并逐步背诵。

"第一步——按照我们'从大到小'的原则——先想一想这篇文章整体说了个什么意思。"

"嗯，说了学英语的重要性。"

"嗯，很好。那么——还是从大到小——具体一点，这个重要性体现在哪些方面呢？"

"呃……因为说英语的人很多，有很多不懂汉语的人来中国，

第4章 学习的第二原则：把握规律，系统学习

也要我们用英语和他交流。嗯……好像就是这些。"

"人很多。那么这么多说英语的人又可以分为哪些种类呢？"

"呃，分为第一语言、第二语言和外语的。"

"不错，很好。你看这篇文章前面两段就是在说学英语的人很多：第一类是把英语作为母语的，有42个国家；第二类是把英语作为第二语言的，在家里说本国的语言，在正式场合说英语，比如印度、新西兰等等；第三类就是把英语当外语来学习的，这个就太多了，其中就包括中国。

"这三个方面都在说明什么呢？其实都是为了说明本文的第一句话：英语是一种世界性语言。（English is a language spoken all around the world.）我们把这个思路画出来。"

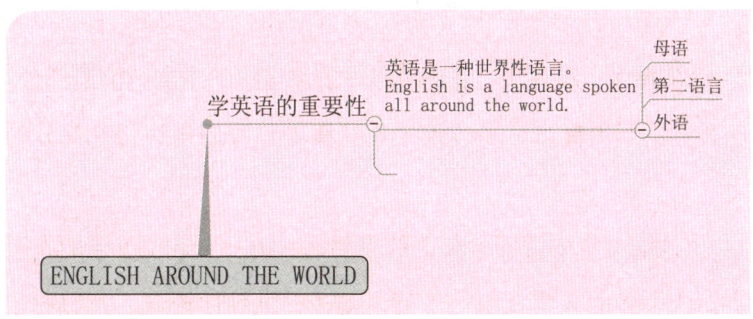

"然后，我们继续从大到小地往下梳理。这个'母语'又分成哪些小的分支呢？文章里面说了三句话。第一句：有超过42个国家里的大部分人都说英语；第二句：大部分以英语为母语的人都居住在（直译：在……被找到）英国、美国、加拿大、

澳大利亚、南非、爱尔兰和新西兰；第三句：总共有超过3.75亿的人以英语为母语。

"这三句话我们给它概括一下，第一句说的是以英语为母语的国家数量；第二句是列举这些国家；第三句是说总人数。我们的图就可以在'母语'后面加上三个分支了。"

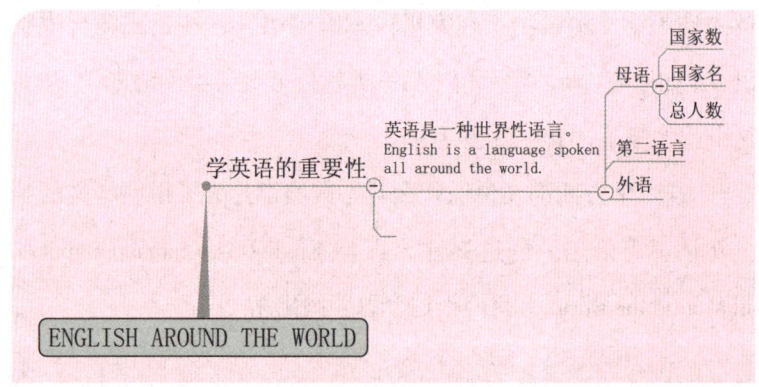

"实际上，到这里，我们可以试着来背一下本文的前面部分。现在你不要看文章，单纯地来看这张图，我们来回忆这部分的文字。

"这篇文章要说明学英语的重要性。第一点：说英语的人很多，全世界的人都在说——英语是一种世界性语言。我们就记起来第一句话：English is a language spoken all around the world。然后，作者要证明自己的观点，分了三个方面，以英语为母语的人，以英语为第二语言的人和把英语当外语学的人全世界都有。先说以英语为母语的，先说国家的数量——There are 42 countries where（记住我们的定语从句用法）the majority of people speak English。 这些国家包括哪些呢，主要英国、美国等等——Most native speakers(记住这个短语)are found in UK, USA and ……

"注意！后面那些国家的名字不要管它，记不住也没关系，能记住几个算几个。在背诵的时候要记住我前面给你说的——要明确记忆的目的。我们背诵这篇文章是为了学习英语，而这些国家的名字和顺序，和学英语关系不大，而且也没什么规律，所以先别管它，不要在这上面浪费我们的时间和精力。同样，前面那'42'个国家，我们也不用记，具体的数字背诵的时候说个大概的就行，这句话我们可以背成 There are many countries，There are forty countries, There are some countries……都可以。总之就是有用的才背，没用的就不背，不要追求一字不差的记忆。

"好，现在国家列举完了，又给了我们一个总人数：In total, for more than …… people English is their mother tongue——这里也是一样，'375 million'这个数字不用记，背诵的时候说个大概的就行了。

"你看，这样，我们就把第一段的前半部分记下来了，很清楚，一点也不痛苦，而且很长时间都不会忘记。

"下面，我们再看第二语言。文章接着上面说：大致有相同数量的人把英语当做第二语言。由于第二语言是介于母语和外语之间的东西，很多人不太好理解，所以作者解释了一下：在家说母语,在政府、学校、电视等正式场合就说英语。然后也列举了一些国家的名字。

"接下来说把英语当外语学习的人和国家。也是先说人数。然后说怎么学习外语呢:在学校,学习五六年。最后举例——中国!但是香港除外。

"我们来把这个结构给画出来。"

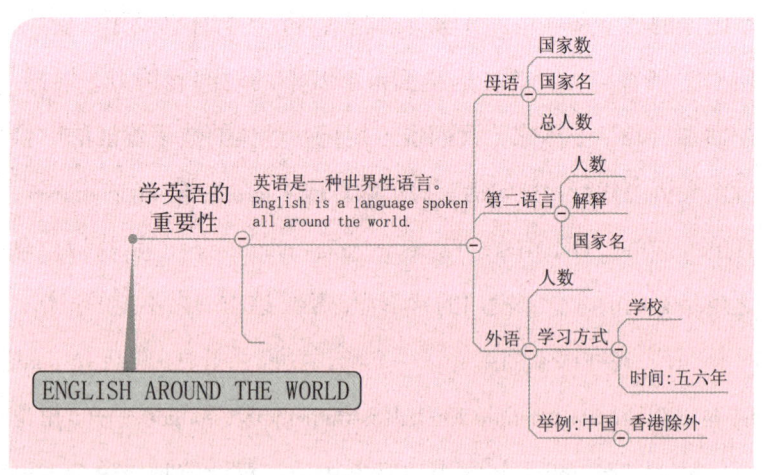

"有了这幅图,这篇文章的第一段和第二段的大概内容我们就已经记住了,按照这个思路,再一句话一句话地往下背就行了。有时候突然某句话想不起来了,怎么办?没关系,先自己编!"

"啊?先自己编,怎么编?"赵璐忍不住问。

"你已经记住结构了嘛,知道接下来作者想说什么。你就根据这个意思,自己想办法表达出来。比如把第一段背诵完了,知道下面要说把英语当外语的人更多。但你记不起来这句话在文章里面到底怎么说的，你就先自己编：However, there are much more people who study English as a foreign language。大概也差不多，然后就接着往下背，保持背诵的连贯性——还能锻炼自己的英文表达能力。等你背完了，再回头来看，哦，原来作者说的是：The number of people who learn English as a foreign language is more than 750 million. 你再把这句话熟悉一下，下回记住就行了。

"怎么样，明白了吧？"

"嗯！"赵璐很认真地点了一下头，"那最后一段呢？"

"最后一段嘛，留给你自己思考。我现在得马上出去，下午去省里开会。要是结束得早，晚上回来给你讲；要是结束得太晚了，那就下周再说吧。"

"你倒好，一句话就是下周下周，我可没几个下周了。"

"哈哈哈，你还知道着急啊？那就抓紧点时间，把剩下的部分思路梳理出来。然后再把今天我给你讲的复习一下。放心，来得及，来得及。"

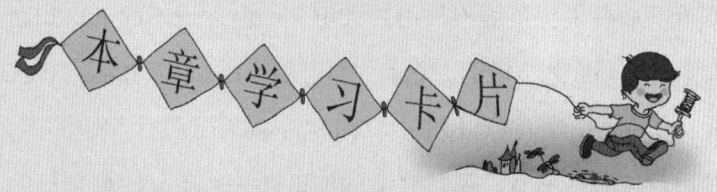

把握知识的内在联系是学习的第二原则

1. 通过画图的方法来养成系统学习的好习惯

所谓系统学习,就是把知识看成一个密切联系的系统,在学习过程中注意把握知识的内在联系,做到举一反三、融会贯通。只有善于进行系统学习的人,才是真正的学习高手。要想掌握系统学习的方法,就要在平时的学习中,按照本章的方法,主动地去画体系图来梳理知识体系。

2. 熟悉基础知识是梳理知识规律的前提

绝大部分有用的知识都是有规律的,把这些规律梳理清楚以后,可以大大提高我们的学习效率。这种梳理和把握,应该以对基础知识的彻底理解为前提。所以,严格来说,对照目录并不是梳理知识规律的第一步。真正的第一步是看书。如果对书中的基本知识点不熟悉,盯着目录看是看不出知识之间的联系来的。

3. 日常学习中梳理知识体系的时间周期

对于还在学习新课的同学来说,每一天学习的知识往往并不多,所以不需要每天都抽时间来梳理知识体系。可以在周末或月末,学完一个大节或者一章的知识之后,再来用专门的时间对自己学习过的知识体系进行梳理。而平时的复习,主要是看书,把当天学习的知识从头到尾看一遍,合上书本想一遍,把基础知识掌握牢固,为梳理知识体系打下良好的基础。

4. 学习的时候从小到大,复习的时候从大到小

在看书和听课的时候,要认真理解每一个细小的知识点,理解这些小知识点之间的联系,把基础知识打扎实,日积月累,慢慢形成对知识的整体理解。这是从小到大。在复习的时候,应该先对知识有一个整体的概念,然后逐步往下细分,最后才到最细小的知识点。这是从大到小。学习的过程,就是一个从小到大,从大到小,然后再从小到大、从大到小不断滚动的过程。

但是,在实际的学习中,有相当一部分人只知道从小到大一点点地积累,却不会从大到小的整体把握和梳理。这是很多人学习非常努力,却始终不能取得较大进步的重要原因。

5. 梳理知识体系的标准:简洁全面,清晰而不重复

对知识体系的梳理,应该自己尝试着去分类和整理,一门知识并不只有一种梳理方法。这也是文中李大鹏所反复强调的。即使是别人整理好的东西,拿来之后自己也要多思考、多动手,进行修改。只有符合自己思路的,才是最好的。

同时,自己进行这种梳理和修改,也有一定的标准,或者说修改的方向。那就是应该尽量简洁,每个层次的枝干的数量要尽可能的少。如果一个层次下面总结出十几个点出来,那么,

这显然不利于我们理解和记忆。刚开始练习，画出来的图可能会比较乱，要不断压缩，尽可能地把一些同类型的知识点集中到一个层次下面。这个过程将是对我们思维能力的很好的锻炼。比如在本章李大鹏的讲解中，欧姆定律是独立成一章的，但是它也是在说电流、电压、电阻的关系，所以可以和电流、电压、电阻这个部分归到一起。

但是这种压缩，又应该保证内容的全面。不能为了压缩，而把一些重要的知识点给忽略了。为了追求形式而伤害了实际的内容，是不可取的。同时，同一层次之间的内容，尽量不要重复或交叉。比如我们不能在把欧姆定律归入到电流、电压、电阻的关系里面去之后，又把它再次放到电功和电功率里面去。这样就重复了，知识之间的关系就梳理得不够清楚，也不方便理解和记忆。

所以，体系图应该尽可能的简洁，但同时又能全面概括所有的相关内容。同一个层次的点所包含的内容不相重复，这就是我们自己梳理知识体系的时候应该努力追求的目标。

6. 每个人画的图都是不一样的

体系图画得好不好，有一个大概的标准，就是是否全面、清楚和简洁。但是，它绝没有一个惟一的标准答案，每个人都可以根据自己的思维习惯和偏好，画出自己觉得最全面最清楚而又最简洁的知识体系图。

1. 按照李大鹏给赵璐梳理物理知识体系的方法,从自己学习的数学、物理、化学、历史、政治等任何一个科目中,抽出一本上学期学过的教材来,对照目录,试着梳理一下其知识体系。

2. 将李大鹏讲的 ENGLISH AROUND THE WORLD 第三段的文章结构图补全,并试着按照李大鹏讲的方式将全文背诵下来。如果英语水平尚不能读懂本文,请另外找一篇符合自己实际水平的英语文章,用同样的办法:先仔细阅读、反复理解,然后梳理文章结构,画出结构图,并背诵全文。

3. 基于本章的新内容,继续思考第3章第4题。

第5章
"方法多,时间少"的解决方案

本章设问：

　　每天老师布置的作业都做不完，再好的方法也没时间去用。所以，方法再好又有什么用！

5.1 不同的分类方法

开完会,已经是下午四点了。接下来又有饭局,李大鹏被劝着喝了点酒,在回家的车上,迷迷糊糊地睡着了。半梦半醒之间,他好像听到手机在响,闭着眼睛把手机放到耳边,是赵璐打来的。

"老叔,怎么还没回呢,晚上给我上课,可别忘了啊!"赵璐的声音清脆而生动地在耳边回响,把李大鹏的睡意惊醒了大半。

"记得,记得。"李大鹏认真答应着,对赵璐的转变有点刮目相看。

下了车,回家冲了个冷水澡,换了身衣服,李大鹏就匆匆赶去了赵璐家。

赵璐已经把 ENGLISH AROUND THE WORLD 第三段的文章结构图补全了,李大鹏拿过来一看,是这样的:

第5章 "方法多，时间少"的解决方案

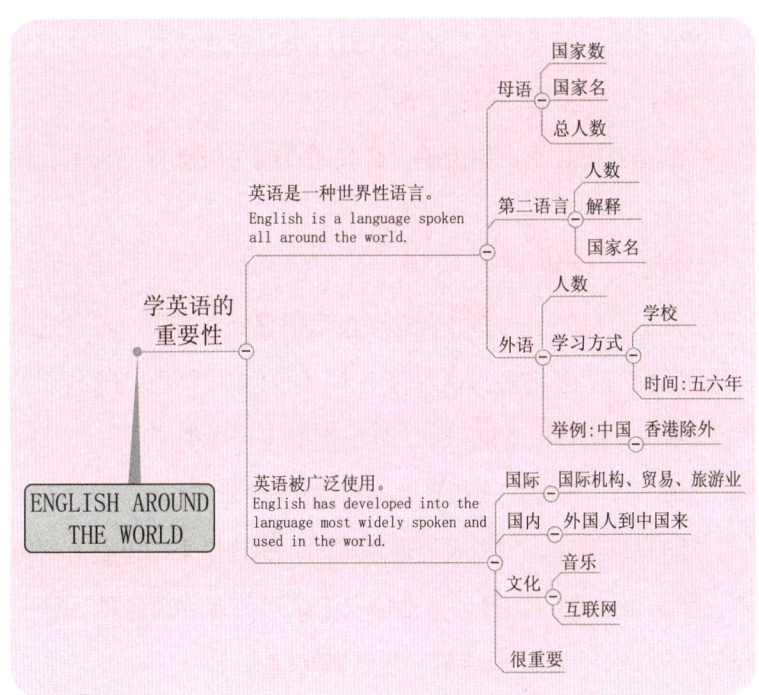

李大鹏看了，大为赞赏："嗯，不错、不错、很不错！能画成这样，说明你对我给你讲的方法理解得很到位。很有条理，很清楚。那你现在能把这篇文章背下来了吗？"

"那当然！"赵璐特有信心地说，"有了这个图，哪还能背不下来！你看我背给你听。"

赵璐不等李大鹏回答，就开始一五一十地从头往下背，遇到数字或国家就随便说两个，有的地方想不起来了就自己造句，反正磕磕绊绊真把全文给背了下来。

"怎么样，不错吧？"赵璐背完后很得意地问。

"嗯，非常不错。你花了多长时间？"

"没花多长时间，你走了以后我还没吃午饭就背下来了，你来之前我又看了一遍。"

"感觉怎么样？"

"感觉是轻松了许多，背起来没以前那么痛苦了。不过这第三段我觉得还是没有理得通顺，背的时候没你前面两段那么舒服。"

"呵呵，能背下来就行了，管它舒服不舒服呢。"

"那不行。你是怎么梳理的？跟我一样吗？"

"同一篇文章，每个人的理解不同，梳理出来的思路有所差别，那是很正常的。我又不是你，怎么可能跟你梳理的完全一样呢？只要你自己能理清楚、背下来就行了。"

"那就是不一样了？哎呀，那你告诉我你是怎么梳理的。我还是觉得不够好。"

"嗯，做事情精益求精是对的。"李大鹏赞许地点点头，"你刚刚学习这种梳理文章结构的方法，能梳理成这个样子已经很不错了。我梳理的跟你确实有所差别。一般来说，我梳理文章结构的时候，会先到文章里面去找关键词，看看有没有现成的。如果有，就直接用；如果没有，再自己总结——其实大部分都有现成的。比如这第三段，我就找到了两个。

"哪两个呢？就是'working language'和'language of global

culture'。这就是说英语的两种用途。本段里面说有什么商人、旅行者到中国来。你总结的是'国内',把这句话和上一句话'英语是国际机构、国际贸易和旅游业的工作语言'并列起来——一个'国际'一个'国内'。这个其实挺好的。但是,接下来突然跑到'文化'上去了。这个'文化'就和'国际'、'国内'没有并列关系了,所以你觉得有点乱。

"而我理解的是,外国商人和旅游者到中国来,是对'国际贸易和旅游业的工作语言'所举的一个例子。文章里面是把'工作语言'和'文化语言'并列的。所以我们这样改一下,就更清楚了。"

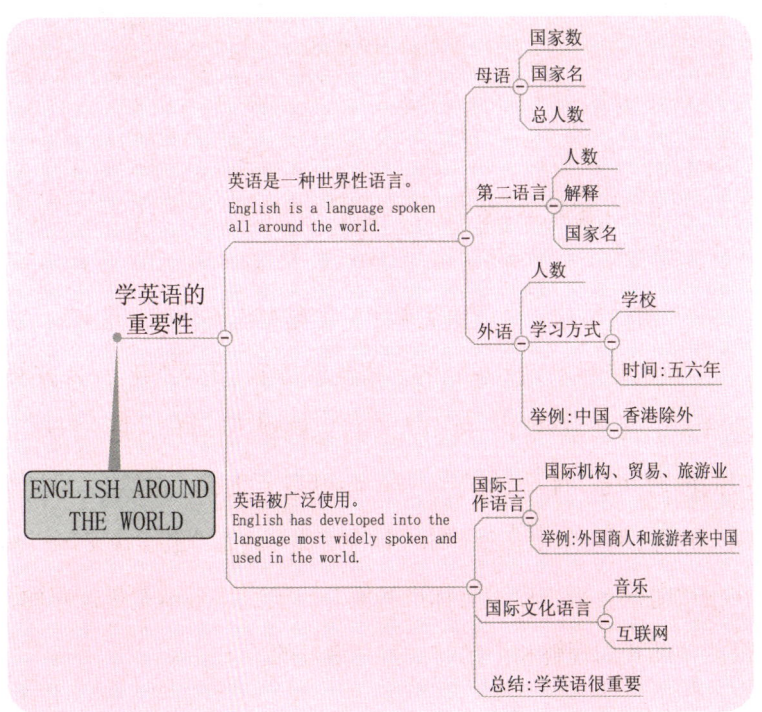

"哦，对，这样确实清楚多了。唉，我怎么就没想到呢？"赵璐说着还有点沮丧的样子。

"其实这个无所谓对错的，你能把文章很快背下来，说明你画的也是对的。只是我们对这段话的理解不同。嗯……我现在又想到另外一种梳理的方法，你看，前两段是在说什么人说英语，第三段在说什么场合说英语，最后总结。我们又可以这样画文章的结构。"

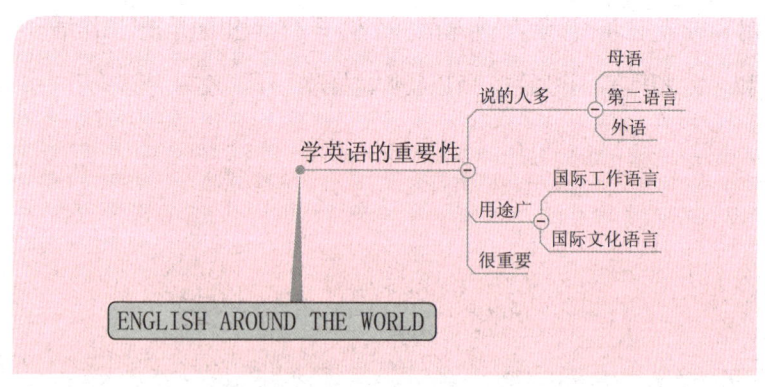

"哎呀，你这一画就更简单了！"赵璐忍不住惊呼起来。

"我也是刚才突然想到的，精益求精嘛。其实咱们只要方便理解和记忆文章就行，每个人都可以画得不一样，同一个人在不同的时间也可以画得不一样。画得多了之后，自然会总结得越来越好，不要一上来就追求'标准答案'或者'最佳答案'——在很多时候，根本就没有标准答案。自己觉得最清楚最舒服的，最能帮助我们理解和记忆的，就是最好的。"

5.2 按照不同的水平规划学习任务

李大鹏讲完这一段，打了一个很大的哈欠，美美地伸了一个懒腰。虽然有点困了，但看赵璐似乎精神头正好，没有一点要休息的意思，他又接着讲了下去。

"基本的原理和方法讲得差不多了，其实主要就两点，第一是多做点简单的、与自己水平相当的题目，循序渐进地提高；第二是要通过彻底理解和把握知识的规律来学习，这个规律我们可以用结构图来帮助梳理。

"第一个原理是上周给你讲的，让你多做点简单的题目。你这一周觉得学习轻松了许多，时间也没有以前那么紧张了。这说明这个原则已经开始发挥作用了。以后的两个多月要继续坚持，不要在太难太偏的题目上浪费时间。

"第二个原理是昨天和今天刚给你讲的。我们可以用系统学习的方法来梳理知识体系和梳理文章结构。这个接下来我们也要立即运用到学习中去了。

"语文和英语这两个，我们主要用它来背诵诗词、文言文、现代文和英语文章。你现在没么多时间去专门背诵很多文章，就是老师要求你背的，你都用我们这个方法来背诵，这样可以提高记忆效率，节约很多时间。"

"我们英语老师要求我们背历年英语作文的范文。"赵璐插嘴说道。

"这个很好,你把以前的范文读透了,写作思路理清楚了;内容背诵下来了,英语写作水平肯定会有很大的进步。那你就用我今天教你的方法背呗。"

"嗯,这个我今天下午就想到了。语文是不是也要背历年的作文范文啊?"

"范文和名家名篇都可以背诵一些,对提高作文分数也有很大的帮助。不过就是有两点:首先是要挑自己看着喜欢的,这样才能快速地背诵和模仿,不喜欢的就别管它;第二是语文的范文和名家名篇一般都很长,整篇背诵太花时间,所以挑一些精彩的文段背一下就可以了;其他部分则反复阅读,把文章的思路结构图画出来就行,不用背。古诗词比较短,倒是可以全部背下来。文言文短的可以全部背,长的也就挑着背好了。你语文成绩已经不错了,不必再花太多的时间。以后我再教你怎么写好作文,提高个七八分,也就差不多了。"

"你现在基础比较差的主要是数学历史政治这几门,提高空间也就比较大,从现在开始我们要对这几门做一个规划了。在这几门当中,数学是你最差的,也就是提高空间最大的。政治次之,历史稍好一点点。

"基础不同,我们规划的起点也就不同。历史我已经给你讲过了它的整个知识体系,而且你已经把历史书看了很多遍了,

第5章 "方法多，时间少"的解决方案

里面的内容也比较熟悉了。所以呢，现在就可以直接从梳理知识体系开始着手。也就是像我给你整理八年级物理的知识一样，把历史课本翻出来，对着目录，借鉴一些参考书上的知识结构图表，自己把知识体系图画出来，在脑子里面建立起完整的清楚的历史知识框架。这个我估计你每天用半个小时的时间，整理一册书问题不大，六天就能搞定。"

"嗯，我估计也差不多。"赵璐点点头，"那整理完之后该怎么办呢？"

"先别着急，整理完了之后的问题我后面再讲。但是这是第一步，把思路理清楚了，后面解题呀什么的就都很容易了。

"然后是政治，这个你比较差一点，对课本上的知识点理解得还不够清楚，必须先多看课本。咱们慢慢来，每天复习一章。"

"可是政治书我已经看过两遍了啊，还要看啊？"

"两遍怎么够？这每天复习一章，是一边看、一边理解，还要根据章节目录，按照我们'从大到小'的原则把这一章的知识体系给梳理清楚，最后再把课本后面的练习题也跟着复习一遍，这样才算把书看扎实了。由于你已经看过两遍了，对大部分知识点都已经有了印象，有一些已经非常熟悉，所以大约一节课的时间，也就是45分钟应该能做完。"

"嗯，差不多。"赵璐点点头。

"咱们高中三年五本政治教材，总共21章，每天一章，三

周可以梳理完毕。方法也是一样：看完书之后，对照目录，把章的标题画在中间，然后'从大到小'，下一级画出每个大节的目录。大节下面，画出小节的目录。小节下面，把正文里面的黑体字或者第一点、第二点给简要地列出来。这就是个草图，然后根据草图不停地调整组合——反正跟物理是一样的。"

"呵呵，政治跟物理一样，你这个方法还是挺有意思的。"赵璐笑着说。

"嗯。"李大鹏也笑着点点头，"接下来我们谈谈数学。你数学基础最差，所以不能像历史那样整本书地梳理，也不能像政治那样一章一章地梳理，只能一节一节地梳理；而且每一节花的时间要比一本书历史还要长才行。

"这是因为，你不能像历史一样直接进入'寻找规律'的过程，而必须先进行'彻底理解'。所以，要先把每一个小节的内容非常详细地看一遍，里面的例题要认真地理解，课后的习题要全部重新做一遍。把这一关过了，才能在此基础上梳理知识体系，然后提高解题拿分的能力。"

"啊？那得花多少时间啊？我还不到三个月了耶。"赵璐嘴巴张得大大的。

"花多少时间也是值得的！你的数学实在太差了，如果提高到跟你的语文、英语一个水平，你光数学这一门提高的分数，就可能会把你的高考录取档次提高两个档次；如果提高到跟你的历史、政治一个水平，也可以把你的高考录取档次提高一个档次。懂吧？"

"可是……可是……现在老师每天都布置那么多作业，还发那么多试卷，我哪里来的时间自己看书啊！"

"呵呵，这个不用着急，我这不正在给你慢慢地算时间账吗？"李大鹏的口气又变得和蔼可亲起来——他突然发觉自己刚才说话语气有点重了，也许是酒劲还没有完全消去的缘故，"既然是重点复习的对象，一天两节课的时间——也就是一个半小时怎么也是需要的。用半个小时来看书，用半个小时来推导公式和整理知识结构，用半个小时来做点练习题——大概是这个样子。

"这个时间进程怎么安排呢？**要根据知识的难易程度来制定学习计划，容易的就看快一点，难的就看慢一点。**高一上学期的内容是相对比较简单的，而且里面三角函数的内容我给你梳理过，这两本书就按照大节来复习。一天一个大节，这样高一五个章里面总共有12个大节，要用12天来复习完。

"高一的内容复习完了以后，高二、高三的内容就比较复杂了，只能一天一个小节来细致地梳理和学习了。一般每一章的第一个小节都是介绍基础概念，非常简单，所以我们把每一章的第一小节和第二小节在一天内复习完，后面的每个小节则单独用一天。这样计算下来，高二和高三的数学复习，需要 34 天。加上高一的内容，总共需要 46 天。这样，你把数学课本梳理完成之后，还有一个月的时间来进行强化训练，时间刚刚好。"

"算得倒是挺好，可是这样一天都不差，万一我哪天耽误了可怎么办？"

"最后三个月的时间，难道你还不能保证全力执行自己的学习计划？耽误个两三次还是可以的，实在不行就多熬上一个小时的夜，及时补回来。我一贯主张按时作息，不过只要不经常熬夜，就问题不大。比如一个月里面有那么一两天少睡一个小时，还是很正常的。"

"这样说来也是。可是你这样一算，历史要半个小时，政治要 45 分钟，数学要一个半小时，每天都要花差不多三个小时。现在天天老师布置的任务都完不成，你让我到哪里去找三个小时出来啊，半个小时都困难啊！"赵璐依旧愁眉苦脸地说。

"时间嘛，总是抠出来的。现在我们已经把任务规划好了，然后再来算时间。

"首先，实际上不用花上三个小时。因为历史知识你现在已经很熟悉，梳理知识体系只要六天就完成了。这六天正好你复习的数学知识都是高一第一册的基础知识，比较简单，所以差不多一个小时就能搞定。即使再多看上 15 分钟，每天也只要两个半小时。六天以后，就只剩政治和数学书要看了。三周以后，就只剩下数学了。所以我们的任务是越来越轻松的。"

5.3 向效率要时间

"把需要的时间算明白了之后,我们怎么抠这两个半小时呢?"

"你们几点下晚自习?"

"九点。"

"你现在几点睡觉?"

"十二点。"

"早晨几点起?"

"六点半。"

"中午睡午觉吗?"

"睡，大概不到一个小时，不过能睡着的时间估计也就半个小时吧。"

"唉，还是挺紧张的。这样算下来一天能睡差不多七个小时，比一般正常的作息时间八个小时少了一个小时。但这最后三个月嘛，应该还是能挺过去的。你看，你九点下晚自习。你家离学校这么近，走回来也就十分钟。吃点东西洗漱一下，九点半开始学习，到十二点正好两个半小时，正好嘛。先看数学，再看政治，最后看历史。"

"可是我这个时间基本上是用来完成老师布置的作业和试卷的，一般只有一个小时的时间用来自己看书。"

"那就是还要挤一个半小时出来啰？"

"到哪里去挤啊？下课十分钟？"

"不用不用，下课十分钟主要还是以休息为主。我读高三的时候下课十分钟都是趴在桌子上睡觉，保证下节课的精力。"

"那就没了，除非中午不睡觉。可是那样我下午上课就什么都听不进去了。"

"中午应该睡个午觉，保证下午和晚上的学习。"

"那……那可就真没了！"

"是的，这下真没了。"李大鹏故作无奈地耸耸肩，"那可怎么办呢？"

"啊，你问我？我怎么知道？"

第5章 "方法多，时间少"的解决方案

"这个问题我以前遇到过很多次。很多读者和听众都向我问过：'再好的方法，没时间用，这可怎么办呢？'"

"是啊，那可怎么办呢？那你前面给我讲的不都白讲了？"赵璐两手捧住脸，愁成一团。

"呵呵。"李大鹏看着赵璐这个可怜兮兮的样子忍不住笑了，"你愁什么，我既然给你规划好了，自然是有办法解决的。"

"怎么解决？你又不是上帝，难道能给我多创造出几个小时出来？"

"别忘了我们学习方法的第一原则是什么。"

"看书挑简单的看，做题挑简单的做。"赵璐无精打采地回答。

"你要找的时间就在这里。"李大鹏笑着说，"找时间的方法有两种，一种是挤，一种是换。你前面说的课间十分钟或者不睡午觉的方法，就是挤的方法。其实挤也是一种好方法，但现在大家学习任务都很重，能挤的都挤得差不多了，再挤就影响我们基本的休息，不利于生活规律和身体健康了。

"第二个方法就是换。用重要的事情代替不重要的事情。用更有效率的事代替效率比较低的事。这个方法嘛，现在大部分人还做不到。

"换句话说呢，挤时间大家都会——连时间都不会挤的人，要想取得很大的进步是非常困难的。但是所有人一天都是24个小时，再怎么挤也多不出来多少。所以，最大的差别不在于挤

了多少时间出来,而在于如何提高已有时间的利用效率。向效率要时间,比向睡眠要时间更有用。

"既然我们已经把任务规划好了,然后又挤不出时间来,就只能去'换'时间。不做或少做那些效率最低的事情,多做效率高的事情。以你现在的学习水平,做什么事情的效率最低呢?"

"什么?"

"数学最后一道大题一般是多少分?"

"嗯,好像是12分,还是14分,记不得了。"

"第一道计算题一般多少分?"

"10分,还是8分?"

"嗯,差不多吧。我们假设,做对第一道计算题得8分,做对最后一题得12分。那么,最后一题的分数是第一题的1.5倍。按照你的水平,第一题可能要10分钟才能做出来,最后一题一般要多长时间?"

"一般?一般就做不出来,哈哈!"赵璐自嘲式地笑着回答。

"那需要的时间就是无穷大喽?"

"差不多。"

"反正是需要花很长的时间,比做一道简单的计算题需要的时间多很多,远远超过1.5倍对吧?换句话说,也就是对你而言,解决难题的效率是非常低的,而解决比较简单的题目的效率则相对较高。"

第5章 "方法多，时间少"的解决方案

"是啊，是这样。"

"所以呢，现在我们要换时间，就要把效率低的事情给换掉，把节约下的时间来完成我们刚才做的学习规划。"

"那你的意思是说老师布置的作业和发的卷子我可以不做了？不对……就是说上面的难题我可以不做了？"

"不是不做，而是说这样的题目，你绞尽脑汁花了很多时间去做，却得不到什么收获。所以，正确的做法是：先把适合自己水平的题目做完，那些太难的题目，就不要跟它们较劲，而应该及时向老师或者同学请教，让他们给你讲一下。这样，就及时完成了老师布置的作业，又能够集中精力做那些符合自己水平的题目。明白了吧？"

"哦，那我知道了。"

"这样是很节省时间的，因为你遇到太难的题目，一个小时半个小时做不出来很正常，你一天少做那么三四道难题，一个半小时的时间马上就出来了。用这一个半小时来复习数学的基础知识，取得的进步比做难题大得多。这样，我们就通过'换时间'的方法，找到了完成学习规划的时间，提高了学习效率。以后你给自己制定好要求：老师布置的数学作业一定要在第一节晚自习完成，到了这个时候都还不会做的题目，课间休息的时候就去问同学或者问老师，把它们一次搞定。总之，就是坚决把晚上的两个半小时空出来完成我们制定的规划！"

"那为什么是第一节晚自习,不是第二节呢?"

"第二节下课老师同学都走了,你找谁给你讲题去?还有一个原因,因为你数学是最差最需要补的,所以把任务安排到第一节,如果实在遇到什么问题第一节课弄不完了,可以挤占一点第二节课的时间,这样就在其他科目上少花一些学习时间,但数学的学习能够得到保证。

"这也是我为什么前面说你晚上回家是先看数学、再看政治、再看历史的原因。这是按照重要性来排列的!我们安排时间,经常会出现'计划赶不上变化'的情况。比如晚上十一点突然停电了,怎么办?如果你是先看历史,那么今天的数学任务就完不成了;如果你是先看数学,那么今天历史的任务就完不成了。两相比较,历史只需要六天,偶尔耽误两三个晚上不看,变成八天完成还是九天完成,不影响我们的整体规划。但是数学需要46天,书看完了整理完了,还要强化训练。现在离高考还有七十多天,我们可耽误不起!所以,我们在安排时间的时候,一定要先做最重要的事情,然后做第二重要的,然后再做更次要的……最后做那些最不重要的,时间安排不过来,我们就干脆扔掉不做。

"同样,当我们面临选择的时候,也一定要优先做最重要的事情。如果有时候你晚上有急事,或者特别困看不进去书想早点睡,那么也要坚持住先把数学的任务完成。这个道理在考试的时候也一样，比如考试还有十分钟结束，你后面还有三道大题没做，那可怎么办呢？只能选择一道你觉得最简单、最有把握、能够最快解决的题目，专心把它做完。然后剩下两题有时间就写两句，没时间就算了。如果你每道题都胡乱写点，结果可能一道题的分都得不到。明白吧？"

"嗯，知道了。就是说白天我该干什么还干什么，就是晚自习第一节课下课之前把当天所有的数学作业做完，剩下的实在做不完就去问老师或同学。然后晚上回家后就按照你给我规划的计划来看书，整理知识体系。对吧？"

"不错，你理解得很准确。白天上课，我们还是要跟着老师的安排走，不能和老师的教学脱节来搞自己的一套，这样就乱了。晚上或者周末等自习时间，就根据自己的特点，规划好学习任务，把落后的地方补上来。"

5.4 看书也有讲究

"好吧。"赵璐微微叹了口气，"现在时间是有了。不过都只剩不到三个月了，你还让我看课本，这还来得及吗？"

"那你觉得这三个月应该干啥？"

"多做题啊，多做模拟题嘛。你以前高考最后三个月还在看书？"

"呵呵。我跟你说，我以前帮助过不同阶段的孩子取得学习的进步。有高一刚开学进来的，有高二学到一半的，有刚开始高三复习的，也有你这种最后冲刺的。我首先让他们做的事情其实都差不多——看书，看教材，把课本上的知识彻底理解，理清知识体系，这是我们一切学习的基点。

"高三的复习一般都是三轮，第一轮是老师带着大家把以前学习的所有知识梳理一遍，这个时期自己也应该跟着把教材认真地读上两三遍。这个过程呢，实际上就是我讲的'彻底理解'的学习过程。第二轮复习一般是专题，比如三角函数这个专题，用五六个课时来从头到尾梳理一遍。这个过程呢，就是'寻找规律'或者说'理清知识体系'的过程。第三轮复习一般就是强化训练，也就包括你说的多做模拟题。现在这个时间，老师在课堂上应该已经带着大家开始进入最后一轮了，所以你成天题目多得做不完。

"但是，问题在于你现在的水平并没有跟上老师的节奏。你在高一高二的时候，就没把基础打好。进入高三总复习，第一轮第二轮又没有把基础复习好，没有把知识体系梳理清楚。在这种情况下拼命做题，是不会有什么太好的效果的，只会越做越痛苦，甚至越做越糊涂。

"最完美的学习过程，是在高一高二的日常学习过程中，把课本上的基础知识弄透弄熟，在考试复习的时候再把这个阶段学习的知识梳理出体系，条理分明地记在脑子里。到了高三再来个总复习，强化训练一下，整个三年就可以学习得非常轻松，不但可以有很多时间来休闲娱乐、发展各种课余爱好，而成绩也自然会步步高升。你看很多学习特别优秀的同学，其实并不是把所有时间都堆在学习上的，他们就是这样按照学习的规律循序渐进得来的。

"当然，你现在是不可能退回去从高一开始重新来了，只能是补。时间必须压缩，但必经的过程不能没有。'骐骥一跃，不能十步。'在赛跑的时候你落后了，你可以跑快一点赶上来，但不能想着一下子蹦出去十米。

"为什么我让你补习历史可以直接就开始梳理知识体系，而且是一次一本书？而数学只能一次一个小节呢？

"因为你的历史基础已经比较好了，第一个阶段已经完成了，但是第二个阶段也就是梳理知识体系的阶段还没有做好，所以在第三个阶段——提高解题能力的阶段，你就很痛苦，题目做的再多也很难有所提高。所以我让你从第二个阶段开始补习。

"但你的数学，连第一个阶段的基础都没有打好，那就必须往后退得更远，从最基础的地方——细读课本——开始做起，一边读一边梳理知识体系，再做一点最基础的题目。看教材的时候，旁边不可以没有纸和笔。要一边看一边画，看完一道例题要马上在稿纸上自己重新演算一遍。然后每个周末，我还会来给你讲解一遍你这一周看的数学知识，帮你把它们彻底理解、巩固，梳理清楚了。在此基础上，你再来强化训练才会出效果。

"我有个大学本科的同学。他跟我说他高一高二的数学成绩都一般般——当然比你还是强不少，哈哈——反正就是150分的卷子一般能考个100分左右。但是他其他科目都很优秀，数学相对来说就拉了后腿。他就利用高二暑假的两个月，按照我这个方法把高一高二的数学书彻底清理了一遍，结果上了高三以后，数学一下子成了他最强的学科了。最后高考数学成绩是148，当年浙江文科数学第一。"

"哇塞，那也太狠了吧。不过，你的大学同学，他高二的时候你也在读高中吧，他怎么知道你的这个什么系统学习法呢？"

"他当然不知道了，那个时候连我自己也不知道呢。其实嘛，我的这个先看书彻底理解、再梳理知识体系的方法不是什么新发明。我只是把它总结出来，把它说清楚，传授给后面的同学而已。早在我读高一的时候，我的班主任就给我讲过一个故事，说是她的高中同学——那都好几十年前了——他看任何一本和学习有关的书，都要看三遍。第一遍是把全书的内容详细地阅读一遍，第二遍是回过头来认真地体会一些重点难点，第三遍就是梳理全书的知识体系。她告诉我们，这个同学就这样一直坚持这种看书的方法，所以学习起来很轻松，在班上总是名列前茅，后来出国留学，在很年轻的时候就被评为教授了。

"其实你想啊，要想真的把知识学好学扎实，不就是这个方法么？除此之外真的没有什么好方法，这样说也许有点绝对，我们换种说法：除了极个别我们没法理解的天才以外，其他任何人如果不把课本上的知识彻底理解、梳理清楚，那么他肯定学不好这门科目。反之，只要能把课本上的知识彻底理解了、梳理清楚了，再稍微做一点练习，掌握一点解题技巧，他就一定能把这门科目学好，至少是能够解决高中试卷中 80% 以上的题目。"

"那还是要点解题技巧嘛，我就是没这个技巧。"赵璐带着一点自我辩护的口气说道。

"唉！"李大鹏闭着眼睛摇摇头，"解题技巧这种东西，其实很简单。实际上对大部分高三的学生，做了那么多的题目，基本上都问题不大了。我做了那么多年学习方法的总结和传授，发现很多人都把解题技巧看得太重了。我们的中考高考啊，主要还是在测试你的知识水平，而不是你的解题技巧。你把知识都彻底理解了，知识体系理清楚了，做到融会贯通了，那些什么大题难题自然就迎刃而解了。基本知识没理清楚，技巧再高也发挥不出来。这个以后我会给你讲的。所谓的解题技巧，核心还是熟练地梳理题目内部各种知识点之间的联系，而不是什么'排除法''联想法'……这法那法的。这些都是雕虫小技，不值得一提。想靠这些玩意儿把分数提高多少，纯粹痴人说梦！"

"今天就讲到这里吧，我实在困了，今天下午还喝了点酒，好像还有点头晕。我回去睡觉了。你再看看书也该早点睡了。"

从哪里开始学习最合适

1. 从自己最牢固的基础开始补习

在试图把一门科目补上来的时候,首先要想的不是自己要补到什么水平,而应该先看清楚自己现在所处的水平。

如果课本都没看懂,就先熟读课本;如果课本看熟了,但是觉得内容太多记不住,那就好好梳理一下知识体系。如果到了高三,英语始终学不好,发现是初中的单词都还没有解决,那就要一直退到初中的水平开始补习。如果解斜三角形学不好,就退回去看看正弦定理和余弦定理;如果这两个定理还是吃不透,那就退回去看看和与差的三角函数;如果这个也不清楚,就回到任意角的三角函数;如果还有问题,那么就回到初中的简单三角函数……

总之,就是一直往后退,退到自己能够完全理解的基点上,从这一点开始起步。本章中,李大鹏就是根据赵璐对不同科目知识的掌握程度,来给赵璐制定不同的复习计划。

2. 先想清楚自己需要做什么,再来安排时间,而不是相反

一个人每天所能拥有的时间长短是无法调整的,但是这些时间里面安排什么样的内容是可以调整的。由于时间有限,我们应该集中力量,做那些最重要和最有效率的事情。

在制定学习计划的时候，不应该先想着能够抽出多少时间，然后再来想这些时间能用来干什么——这就意味着对现有的事情不做任何改变，而把重要的和急迫的事情放到临时"挤"出来的时间里面去做。这是很不明智的。

正确的做法，应该是先想好自己最应该做的事情是什么，并按照重要性依次排列，排列清楚了，然后再来根据这个顺序安排时间。最重要的事情，一定要先做，把其他事情都排在它后面，自然就有时间了。李大鹏就是按照这个顺序，先让赵璐明确最应该做的事情是什么，然后再来安排学习时间的。

3. 看书要一边看一边复习，一边看一边梳理

看完一个小节，应该合上书本自己把这个小节的内容复习一遍；看完一章或者一本书，应该回过头来把本章或本书的知识结构梳理一遍。对于每个章节后面的练习题或者思考题，即使以前做过，在看书的时候也要过一遍，看看自己印象是否深刻，解决起来是否熟练。这样的看书方式不是速度最快的，但是效率最高的。过目不忘和一目十行只是一个传说，认真地把书读通读透才是正道。

4. 养成无笔不看书的好习惯

休闲娱乐的书当然可以随意翻翻，但对于教材和一些经典好书，阅读的时候最好旁边能有一个本和一支笔。自己的书，可以在上面勾画批注，或者把好的东西记录下来，把知识的脉络在纸上自己画上一画，对于加深理解、加强记忆都有极大的好处。

附录3　时间管理的重要原则

一、记住：时间并不重要

说到学习时间紧张，很多人首先想到的就是怎么挤时间，压缩睡觉的时间，压缩吃饭的时间，压缩休闲娱乐的时间等等，把一切学习以外的时间都压缩到极致，仿佛就是管理时间的终极目标。

为学习成绩而苦恼的同学，常常也伴随着时间不够的苦恼。因为他们觉得，要想把成绩赶上来，必须给自己"补课"，多补习以前的基础或者多找点别的教辅材料来做一下。但是，老师上课占据了绝大部分的时间，又要布置好多好多的作业，每天连作业都做不完，哪里来的时间去自己学习？

还有一种情况是，有的人花了很多的时间去学习，几乎达到人的生理极限了，不太可能再挤得出什么时间来了，但进步仍然十分有限。每当自己非常痛苦地看书做题的时候，有些成绩比自己好很多的同学却一副很悠闲的样子。如果时间利用都到了这步田地，自己还有再改进的余地吗？

对于这些问题，我想用一句话解释："时间并不重要，重要的是效率。"

二、学习时间的"马太效应"

要明白效率和实践的关系,我们来算一笔时间账:一个中等努力程度的高三学生,除了上课,一天用在学习上的时间大概有十个小时。这个时间长度可以保证他每天有充足的睡眠,足够的休息时间。如果我们要拼命地挤时间,大概能挤出来多少呢?假设你每天只睡六个小时——这已经很夸张了。偶尔一天只睡六个小时可能觉得没什么,而如果持续很长一段时间的话,很多人都会受不了。然后三顿饭总共只用一个小时,用在走路上的时间(即使是从寝室到食堂到教室三点一线,每天最少也要六趟)也要一个小时,用在洗脸漱口上厕所以及其他杂务上也要一个小时。这样算下来,我们每天用来学习的时间达到了16个小时。这样,我们比别人的学习时间增加了60%。

这是一个可喜的数字。实际上,每天多60%的话,累加起来确实相当惊人。一个人如果真的能这样坚持下来,取得进步也是理所当然的了。

不过,这笔账漏掉了一个很重要的东西——人与人之间的差异。看同样的内容,有人看一遍就记得差不多了,有人能记住小一半,而有人看了一遍之后啥也记不住。一道普通的数学证明题,一个成绩优秀的同学,他只需要花五分钟的时间就做出来了,而一个成绩比较差一点的同学,可能最少要思考十分钟,甚至更长的时间——被一道数学题难半个小时其实很正常。我们这样一算，学习好的同学一个小时可以解决 12 道这样的题目，而差一点的同学一个小时只能解决六道这样的题目。我们拼了命的多增加了 60% 的时间，结果一算（10 个小时 × 12）：（16 个小时 × 6）=120：96=5：4。人家一天学习十个小时的效果反而比我们学习 16 个小时还要高出 25%！换句话说，我们付出了比别人多 60% 的努力，却换来比别人低 25% 的效果，这可真够冤的。

这笔账算起来是比较吓人的。尽管这个效率的差距可能不是 2：1，但结论本身不会有太大的变化。如果考虑到一天学习 16 个小时，如此高强度的学习会让人身心疲倦，无法集中注意力，学习效率大幅度下降，那么这种效率上的差距只会更大。这就是为什么越是学习成绩差的同学，越觉得时间不够用；而越是成绩比较拔尖的同学，越觉得时间多得用不完。我有时候到中学里面讲课，讲完之后会让老师们找一些各个成绩段的同学来和我聊聊天，基本情况都是这样：

排名靠后的同学总是抱怨老师布置的作业太多，除了做作业以外根本没时间自己学习；而排名靠前的同学，则认为老师布置的作业其实没多少，每天放学之前就已经把家庭作业做得差不多了，剩下的时间可以自己找点题来做，找点书来看，还可以小小地休闲娱乐一下。

对于那些希望通过自己的刻苦努力改变现状的同学而言，

第5章 "方法多,时间少"的解决方案

这是一个非常令人沮丧的局面。对于这种现象,我给它起了个名字:学习时间的马太效应。马太效应(Matthew Effect),是指强者越强、弱者越弱的社会现象。其名字来自于《圣经·马太福音》中的一则寓言。在《圣经·新约》的"马太福音"第二十五章中这么说道:"凡有的,还要加给他叫他多余;没有的,连他所有的也要夺过来。"

在生活中,人们经常可以观察到关于贫富差距的马太效应:有钱的人,因为可以获得投资收入,更能够把握挣钱的机会,所以会越来越有钱;而没钱的人,所有的钱都用来吃穿住行了,没有办法积蓄,所以越来越穷。

通过前面算的高三学习的时间账,我们可以看到,在学习中,也存在着类似于"马太效应"的现象。学习好的人,因为看书做题很轻松,时间剩下很多,可以用来让自己取得更大的进步;而为学习苦恼的人,因为看书做题都很痛苦,效率低下,每天连老师布置的作业都难以完成,根本挤不出时间来学习,只能越来越痛苦。学习成绩的"贫富差距"越拉越大。

要解决这个问题,单纯靠挤时间是没用的——就像穷人单纯靠节约储蓄无法从根本上改变自己的经济状况一样。我们必须记住世界上有比时间更重要的东西:效率。眼睛只看着时间,是无法逃脱"马太效应"的陷阱的。在管理时间的时候,我们必须要记住:每个人一天都只有24个小时,再怎么挤也有限;

但是时间利用的效率是可以成倍提高的，提升的空间很大。当我们在思考如何利用时间的时候，首先要想到的不是从哪里抠多少时间出来，而是怎么样提高现有的时间利用效率。

三、提高时间利用效率的第一原则：学会舍弃

我在《学习改变命运》一书中谈到如何处理人际关系的时候说过一句话："处好人际关系最重要的原则，就是不要试图让所有人都喜欢你。"把这句话的思想用在时间管理上，也可以说："利用好时间的最重要的原则，就是不要试图把所有的事情都做好。"

有很多人谈到时间计划的时候，总是把它和一张排列整齐的时间计划表联系起来。其实，如果忘了这个原则，计划表列得再漂亮也只是一个摆设。人的时间有限，无论怎么挤，一天也不可能挤出25个小时出来。但我们要做的事情是无限的，即使仅仅把时间用来学习，要看的书是永远看不完的，要做的题目是永远做不完的，要背诵的东西是永远背不完的。这节自习课做了一张数学试卷，就不能再做一张物理试卷。即使你的计划完美无缺，但是有一天突然感冒发烧要去看医生，那么计划就会被打乱。所以，无论怎么样计划，都不可能把所有要做的事情计划完，无论怎么样计划，都不可能把一切安排得天衣无缝。当有很多事情面临选择的时候，当有些任务实在无法完成的时候，我们该怎么办？只有回答好了这个问题，我们才能真正理

解如何管理时间。这个问题的答案就是：只做最重要的事情。

这里，我给大家介绍一个经济学上的基础概念——"机会成本"，意指你放弃某种机会而造成的潜在损失。比如你投资10万元去开一家杂货店，每个月可以赚2000元，这个事情值不值得做呢？如果单纯从账面的"成本—收益"来看，每个月进货需要10000元，卖出去12000元，收益大于成本，当然值得做。但是，你还有一个选择，可以花10万元开一家手机专卖店，每个月可以赚5000元。这个时候，你还会选择去开杂货店吗？显然不会，因为你只有10万，选择了开杂货店，就等于放弃了开手机专卖店，也就是放弃了每个月5000元的收入。所以，你开杂货店的账面成本是每月10000元的进货，而实际上还有一个隐藏的"机会成本"——即放弃赚5000元的"机会"的成本。二者相加是15000元，大于杂货店每月收益12000元，成本大于收益。所以，一个明智的商人都不会去开杂货店而会去开手机专卖店。

同样，我们的时间有限，你选择了做某件事情，就隐含着你放弃做别的事情。"做别的事情"就是你的"机会成本"。所以，我们做事情的标准，不是"某件事有没有意义"，而是"某件事是不是最有意义"。

真正利用时间的高手，一定是懂得如何舍弃的人。中学学习的压力很大，很多人被弄得手忙脚乱。我们在学习的时候，面前总放着一大堆书，但你每次只能拿起一本书，认真阅读，而不是同时拿起十几本书随意浏览——这是一种最浪费时间的学习方法。只能在读完一本之后,再去拿起另一本来阅读。那么,该选择哪一本呢?答案很简单:最重要的那本。对第二重要的那本,坚决不看。当你把最重要的那本看完之后,第二重要的也就变成最重要的了。

确保自己一直都在做最重要的事情,实际上也就是确保了自己的时间一直都在被高效的利用。如果你今天计划做五张试卷,语文、英语、数学、物理、化学各一张。那么,请先做你觉得你最需要提高的那门科目。即使你做完一张之后,突然天花板掉下来砸到脑袋,到医院住了一天院,那么你做的这一张试卷对你的分数提高仍然是极有帮助的。

四、提高时间利用效率的第二原则:做自己力所能及的事

在有限的时间内寻找最重要的事情来做,要放弃的东西,不仅是那些看起来不太有价值的东西。更重要的是,要学会放弃那些看起来很有价值,但是超过自己能力范围的事。

一道难度极高的题目,总是让人忍不住想去挑战一下。如果你在做完高考试卷前面的题目之后,还有充足的时间去解决最后一道难题,这样的难题当然值得去挑战,因为它会给你加分。但是,如果你前面的题目做起来都很困难,那么,挑战这样的难题不仅不会有结果,还会让你减分,因为你没有更多的时间

去做那些你本来可以拿分的题目。

我们要保证自己的学习效率，就要多做和自己水平相适应的题目，既有成就感又能提高自己的解题能力。太简单的题目不要去做，太难的题目也不要去做。让高手去做12道难题吧，我们只做12道中等难度的题目就行了。等我们把中等难度的题目做熟练之后，你自然会发现，原来很难的题目已经不那么难了。

把做题的思想，用来制定时间计划，也对我们大有启发。有的人喜欢头脑发热地制定时间表，排得密密麻麻的，从计划表上看，连上厕所的时间都挤不出来了。原计划用半小时背一篇英语课文，谁知用了40分钟还没有背完。这才发现时间不够，连忙放下英语课本，拿起数学题做了起来，还没有做几道题，发现背政治的时间又到了……总之一天下来忙得半死，计划的任务还是没有完成。这样就会产生一种挫折感，一来二去就对自己没了信心，老感觉计划赶不上变化，于是越来越难以按照计划学习，不久又过起了原来那种杂乱无章的生活。

所以，对于那些刚开始制定计划的人来讲，计划应该定得适度的低于而不是高于自己所能完成的水平。比如你预计自己复习某一部分的内容需要一个小时，那么你可以计划用80分钟。让时间宽裕一些，但尽量保证每天给自己规定的任务都能完成。在一天结束的时候，前一天所计划的事情都做完的成就感是非常爽的，可以给你继续制定和执行计划的信心和动力。这样循序渐进，再慢慢提高标准，才能真正高效地利用时间。

五、提高时间利用效率的第三原则：根据不同内容的学习特点来安排时间

"没有人能两次踏进同一条河流。"这是古希腊哲学家赫拉克利特的名言。那么，我们也可以说："没有人能两次度过同一个小时。"每一个小时都是很独特的，在每一个小时里面，我们周围的环境、我们自己的生理心理状态，都会发生变化。上课的时间和在家自习的时间，显然是各不相同的。我们不能简单地把24个小时划分成一个一个的小格子，然后往里填充内容，然后就管这叫"时间计划"。我们必须学会让不同的学习内容和不同的时间相契合。

对于那些需要大量的阅读、理解、背诵的内容，就要安排时间比较长、精力比较充沛、不容易受到干扰的时间段来完成。为什么呢？因为看书和背书的时候很容易走神。大家往往有这样的体验：眼睛盯着书本，脑子里却不知想到哪里去了，没准还在想着昨天吃的那顿火锅呢。所以如果看书的时候精神比较疲倦，就更容易走神。而且从翻开书本到进入状态需要一个时间，大约五到十分钟的样子。你花了十来分钟好不容易开始专心致志了，突然什么事情打断，比如接个电话之类，然后回到书桌前来看书，你又需要花五到十分钟来集中注意力。如此反复被打断，最后你感觉看了两个小时的书，实际上真正"看进去"

的时间不足一个小时。所以看书的时间最好不要被随便打扰。

所以，对于看书背诵的事情，最好选择精力旺盛不容易受干扰的较长时间段来做。

那么，那些精力不太旺盛，比较容易受干扰的时间用来做什么呢？

用来做题。因为做题的时候需要动笔演算，可以强迫你集中注意力，即使周围环境比较吵闹，即使你精力不太好，仍然可以达到练习的效果。比如下课的十分钟，你规定自己做十道英语选择题，你刚做了五道，突然有同学找你聊天，你的思路被打断了，聊了一会儿又提起笔做第六道，到上课的时候只做了八道，你就收获了八道题目的知识。如果你用来看书，除非你有超人的定力，否则恐怕还没有看清书上写的什么就上课了。

六、提高时间利用效率的第四原则：注意适当的休息

前面我们在算一笔高三学习的时间账的时候，虽然说拼命地挤时间能多挤出来 60% 的时间。但是这个 60% 的时间实际上是有水分的，因为一个人在睡眠不足的情况下，强行多挤出来的六个小时，是不可能与睡得好休息得好的六个小时的学习效率相提并论的。所以，如果你记住了"效率比时间更重要"，那么，你也就可以理解在高三阶段要想把时间利用好，除了要挤时间学习外，还要挤时间休息。

在我自己的高三学习阶段，我一直保持着睡午觉的习惯，晚上也会在十二点之前睡觉。在高三阶段每天都要睡这么多的时间，可能跟我个人比较贪睡有关。但在制定时间计划的时候，保证必要的休息还是应该的。有很多同学喜欢熬夜，因为夜里安静，有利于学习。但这样就会影响白天的精神，上课老想打瞌睡，又怕被老师发现，睡得很不安稳，于是课没有听好，觉也没有睡好，一天到晚都迷迷瞪瞪的。其实高中的时间说长也长，说短也短。要浪费时间很容易，一晃就过去了；要努力学习也足够长，学习任务重的时候偶尔熬夜可以，长期如此肯定坚持不住。

七、学会执行：把良好的计划变成现实

就跟我们学习需要预习和复习一样，计划既需要每天执行之前牢记在心，也应该在每天执行之后进行检查，只有如此，才能不停地督促自己，持之以恒。

我每天晚上都要把制定的计划拿出来检查检查，完成了的，就在前面打上钩；没有完成的，就在前面打上叉，然后统计统计完成了百分之多少。刚开始的时候大概能完成60%，时间久了，基本上能维持在80%左右。

我以前看过一个故事，说是有一位古人，总觉得自己每天都会做一些错事，为了少犯错误，他就想了一个主意：拿出一个碗、一包黄豆、一包绿豆，每天做了一件好事就把黄豆放进

碗里，做了一件错事就把绿豆放进碗里。每天晚上睡觉之前，他就数一数里面有多少颗黄豆多少颗绿豆，然后想一想自己今天做了哪些好事哪些坏事。就这样日复一日，黄豆逐渐增多而绿豆日渐减少。

从这个小故事可以看出每天监督自己的好处。无论做了什么事情，每天睡觉前都回想一下哪些该做哪些不该做，该做的事情又有哪些做得不好，该怎样改进。这样，才能不停地进步，而不至于停滞不前。我们制定了计划，就需要每天都检查自己的完成情况，这样才能督促自己不断改进，真正做到制定好计划、执行好计划。

总之，我说了那么多关于如何进行时间管理的话，就是没有告诉大家该怎么样列一张每天如何安排时间的表格。实际上，这可能是时间计划中最不重要的一个方面了。你只要拿出一支笔一张纸就可以填满整张表格，但里面的东西可能对学习毫无帮助。

我们都知道，同样是一张写满了字的密密麻麻的试卷，有的能得到150分，有的只能得0分。所以，把试卷写满不是本事，知道该写上什么正确的内容才是本事。时间管理也是一样，列出表格把时间填满不是本事，知道如何在正确的时间填入正确的内容，然后认真执行，这才是真正的本事。

第6章
解题的规律

本章设问：

  1. 看书头头是道，做题晕头转向，这是怎么回事？

  2. 学习知识的方法和解题的方法，是一致的吗？学好了知识就一定能在考场上拿高分吗？如果是一致的，一致在哪里？如果不一致，差别在哪里？

6.1 图解作文写作过程

接下来的几周时间里,李大鹏的周末补习主要集中在给赵璐梳理各个科目的知识体系上。尤其是数学,只能带着她把书上的数学公式从最基本的概念开始,一步一步推导出来。其他科目的梳理则相对比较简单。

经过几次课的训练,赵璐的自信心大为增强,原本一看就头疼的数学课本,耐着性子梳理下来,竟发现了不少乐趣。即使赵璐妈妈时不时过来唠叨几句,她也无非就是把头埋进书里嚷嚷两句"哎呀,烦死了",不再针锋相对地跟妈妈吵架了。慢慢的,赵璐已经基本掌握了读课本和梳理知识体系的方法,不再需要李大鹏非常详尽地重复讲解了。于是,李大鹏这才开始试着教给她一些解题的基本方法。

"好啊,好啊,终于开始讲解题了。"赵璐拍着手儿笑道。

"你看,把你急坏了吧。很多人学习成绩不好,一听到解题方法就两眼发光。其实解题方法在整个学习中的重要性,远远不如学习基础知识的方法。现在我觉得你看书整理的方法已经基本熟练了,所以才教你解题方法。"

"那你打算从哪里教起呢?先教我解数学题的方法吧。"

"不着急,慢慢来。其实就跟看书一样,各个科目的基本解题方法都是差不多的。我先教你解决高考中最重要的一道大题的方法。"

"高考中最重要的一道大题?什么题啊?"

"语文作文。"

"哦,确实是,分最多嘛。"赵璐莞尔一笑说道。

"你这一段时间画那个知识体系图画得够熟练了吧?咱们这个图不仅可以用来整理知识体系,用来梳理解题思路也是很有用的——当然也包括用它来梳理作文的思路。

"不同的就是,整理知识体系的时候,我们的图是从课本上的内容出发;而用来解题的时候,我们则要从题目给我们的条件和问题出发。我还是举个实际的例子来给你讲一下。这是2008年北京市的高考作文题目,你先看一下。"

2008年北京高考作文题目

材料作文。根据材料自选角度,自拟题目写一篇不少于800字的文章,除诗歌外体裁不限。

在课堂上,老师拿了一个玻璃杯,里面放了一个大石头,差不多和杯子一样大,老师问大家:杯子满了吗?

一个学生回答:没满,还可以放沙子。

待学生放完沙子,老师又问:满了吗?

全班同学回答满了,有一个男孩却回答没有满,还可以放水。

老师笑了,接着把沙子和石头倒出来,杯子是空的。

这回老师是往杯子里放沙子和水,然后问大家,杯子满了吗?如果要放石头进去,该怎么放?

男孩就把杯子里的沙子和水倒出来,先把石头放进去。

赵璐拿过来翻来覆去看了几遍，皱着眉头说："这都说的是什么啊？前面半截还好理解，后面那个男孩把沙子和水又倒出来，又把石头放进去，是什么意思？"

"现在的作文题目都比较灵活，很多东西要自己去理解和发挥。我故意给你找的这个题目，就是因为它很不好理解，去年还引起过很大的争议，很多人都说这个题目出得莫名其妙。其实在实战当中，这种作文题目是最好对付的——因为它模棱两可，你怎么说都行。对这种作文题目，只要是材料里面看得见的内容，你都可以从中提出思路来写作，就不算偏题。

"考场作文和自己平时写文章最大的不同有两点：第一，这是别人命的题，必须根据题目的要求来写，不能跑题；第二，有时间限制，必须在很短的时间内理出思路，然后快速写出来。大部分人的作文成绩不高，问题都出在这两条上：在短时间内想不出好的写作思路，只好乱写一通；主题混乱或者跑题，有时候甚至是既混乱又跑题。在考场上，如果总分是60分，平时能写出50分作文水平的人，要想发挥到55分，难度极大；但是发挥失常，本来能写出50分水平的，结果只考个20~30分，那是常有的事——一紧张一跑题就肯定到30分以下了。

"至于作文的文采，主要靠的是平时多读多背多写，不属于考试技巧。但如果我们能够快速梳理出清楚的写作思路，那么也就可以更加从容地展示自己的文采。所以说，**对考场作文而言，**

第6章 解题的规律

时间就是一切，思路就是一切。

"对于这道题目，我们该如何快速寻找思路呢？有灵感当然好，可万一要是没灵感可怎么办？所以，还是要通过在草稿纸上老老实实画图的方法来整理自己的思想。

"首先，我们要给自己的思想找个起点。这个起点，就是题目的内容。然后，从题目出发，开始展开联想。"

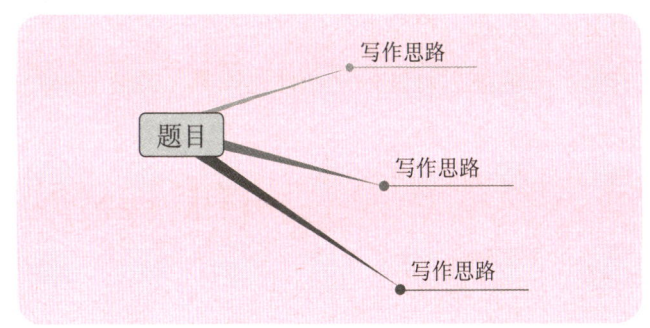

"这个联想当然不是瞎联想，我们到题目里面去找，看看能想出什么来。

"首先，第一情节是说杯子里面装了石头，看起来满了，但里面还有很多空隙，可以装沙子。装了沙子还可以装水。这让我想到一句话'时间就像海绵里的水，只要肯挤，总还是有的'。这可以说明我们在利用时间或者思考问题的时候，不要总以为没办法再进步了，实际上，我们应该努力突破自己的极限，总会把事情办得比现在更好。这是一条思路。

"然后，材料中还说了一个男孩把沙子和水倒出来，往里面装石头。这个'倒出来'可以想到从我们头脑里面去掉旧的、落后的思想,装入新思想。这可以和鼓励创新、鼓励接受新想法、听取别人的意见联系起来。这也是一条思路。

"第三,关于杯子里面到底可以装什么,同学们之间都存在争论。这个让我想到2000年全国高考作文题目《答案是多种多样的》。你以前做过历年高考真题吧?这个题目想必写过。如果实在没有办法了,可以把自己以前写的这个内容改一下,作为自己的作文。总的意思就是鼓励个性化思考,欢迎争论。这也是一条思路。

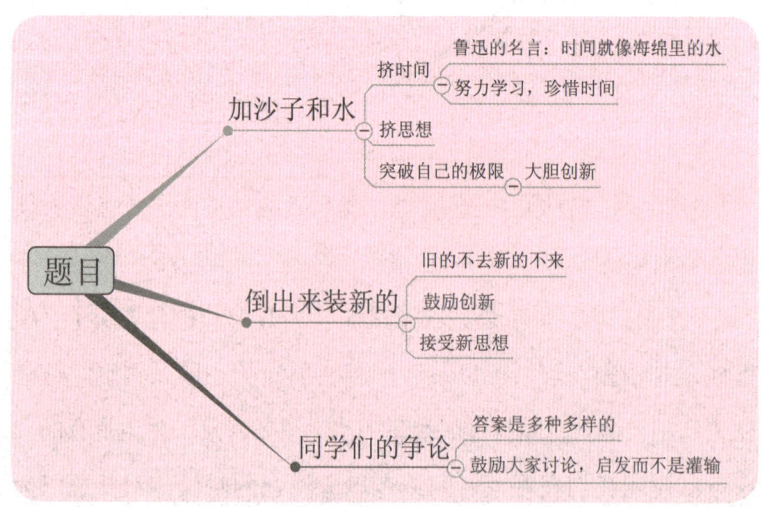

"这三个思路都是可以写的,写出来的文章肯定都没有问题。我们只需要快速选择一条自己觉得写着舒服的就行了。其实还有很多思路,比如老师用这种方法来启迪大家思考,那么我们是不是可以考虑现在的教育方式从灌输式向启发式的转变,等等。总之就是**大胆联想,细心选择,不要跑题**。"

"我最后选择了第二个思路。因为我自己感觉这个写着比较顺手。所以接下来我就对这个思路做进一步的思考:怎么开头,中间怎么写,怎么结尾?

"开头一般来说,我喜欢采用'开门见山'的手法,直接说明自己全文的意思,让阅卷老师一看就明白你的思路。

"中间要对自己的观点进行说明或者论述。从这个'接受新思想'我们能联想到什么呢?我们尽可能地联想一些和主题有关的名人名言或者历史事实,或者身边的真实事件,也包括一些新闻事件等等。我想到亚里士多德的名言'吾爱吾师,但吾更爱真理'。这句话你听说过吧?"

"嗯。"赵璐点点头。

"事例呢,我想到的是戊戌变法前后梁启超思想的转变。这个你们历史里面也学过,他和康有为的决裂。这个名言和这个历史其实都挺简单的,我们写作文的时候就多想一些这种素材,先列出来,然后排列一些顺序,画个思路就可以写了。此外,我还想到了个庄子的名言'吾生也有涯,而知也无涯'。这句话也相当有名,不过也有人不知道,但没事,我们还可以想别的,反正就是把自己知道的和'去旧存新'、'接受新思想'有关的东西全列出来。然后挑选、梳理,形成中间的写作思路。

"结尾一般是总结和升华。我就结合一下我们自己的实际情况,做一个总结,还可以稍微升华一下,上升到国家民族的前途上来。这些都是很简单的。这样我们就把思路画出来了。"

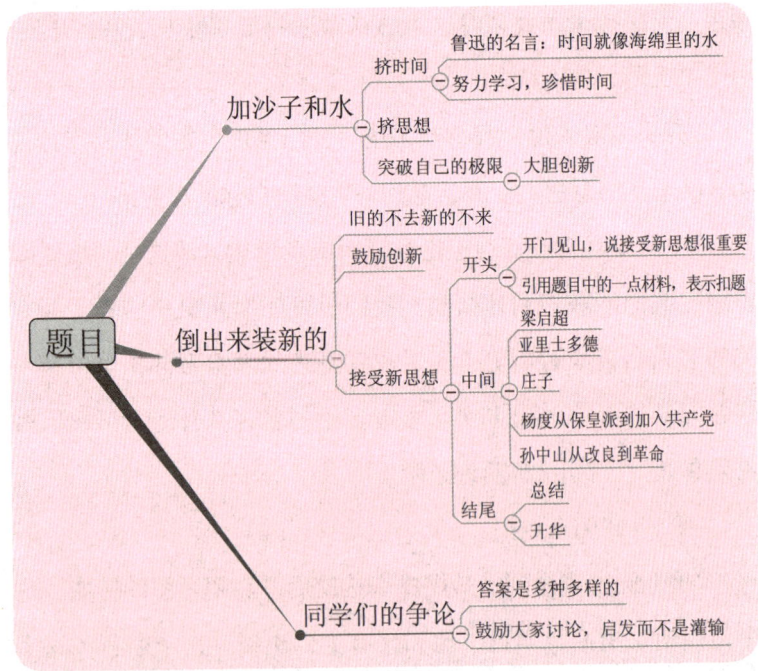

"有了这个思路图,我们就开始动笔了。在考场上,不需要画这么清楚漂亮,应该很潦草很迅速地画出来。我画这么清楚是为了讲给你听的。

"具体的语言段落怎么连接,那就是考文字功夫了。这个没什么技巧,就是平时好文章读得多不多,背得多不多,练笔练得熟不熟的问题了。不过有了这个思路,只要很平实地写出来,文笔已经影响不大了。阅卷老师一般只有一两分钟的时间来判卷。他一看开头：嗯，主题明确，是从材料中来的，不跑题；一看中间：有思路，有例子，有论述；一看结尾：有总结有升华；全文思路清楚、前后呼应。这篇文章肯定会是一篇得分比较高的考场作文了。

"你看，这是我根据这个思路图写出来的。全文八百多字，符合高考作文的要求。我从看到题目开始，连思考带画图，花了40分钟写完，除了修正一些错别字外，都是一次写成的，没有增加新的句子或段落。"

我的杯子，听我的

"吾生也有涯，而知也无涯。"这是庄子的话。单从这句话理解，似乎是鼓励人们去努力学习各种知识。但庄子的原文下面还有话，意思却正好相反。他的本意是：知识太多，人的一生根本无法学完，因此不应该试图去学习所有的知识。

我们的大脑，就像这个杯子，能装的东西——不管是装石头、沙子还是水，都十分有限。这就要求我们在学习的时候，要有方向、有选择、有辨别，不能什么都往里面装。那个男孩敢于把沙子和水倒出来，再往里面装石头，这就是一种聪明的做法。我的杯子，装什么，听我的！

亚里士多德是柏拉图的学生，柏拉图老师努力向他脑子里面灌输自己的思想，但当他学会自己思考，发现老师的观点存在错误的时候，他毅然选择了把那些错误的思想"倒出来"，装进自己的思想。"吾爱吾师，但吾更爱真理"因此成为千古名句。

梁启超是康有为的学生，在变法维新的时候，他脑子里面也装满了老师的理论："君主立宪"。但当变法失败，六君子血洒菜市口之后，康梁被迫流亡国外，此时，中国专制君主制度与宪政民主势不两立的局面已经昭然若揭。康有为依然抱残守缺，参与张勋复辟，成为历史的反动。梁启超终于看清了历史前进的方向,倒出了"君主立宪"的石头,重新装入"民主革命"的思想,摆脱了老师的阴影,在中国近代历史上留下了属于自己的篇章。

今天的中国,仍然是一个不断变化与发展的国家,连我们的中学教科书也已经变了很多次。在这样的情况下,我们固然需要努力学习各种知识,不要让自己的脑子空空荡荡,但也切不可因循守旧、固步自封。当我们发现以前奉为真知的知识已经不再符合实际的时候,就要拿出自己的勇气,把自己以前辛苦学习得到的道理"倒出来",装进更先进的思想。

"路漫漫其修远兮,吾将上下而求索。"屈原此语,已越千年。求索的过程,总是充满艰辛,不仅要与周围的环境斗争,更需要与自己斗争。倒出来,与昨日之我作别;装进去,为今日之我放歌。吾生也有涯,而知也无涯,不必把世间的知识全都装进去,只是不断去伪存真。若每个人都能如此,则每个人的一点小进步,便可换来整个社会的大进步。我的杯子,听我的;你的杯子,听你的。每一个人都勇于独立自由地思考,那么我们这个国家就会更加朝气蓬勃了。

6.2 关于作文思路的深入探讨（选读）

"呵呵，写得倒是挺好。是不是所有的作文都要这样写啊？先画图，再想开头、中间、结尾。写出来格式都一样，那不又成了'八股文'了？"赵璐问道。

"你这个问题问得很好，我以前给别人讲这种写作文方法的时候，经常被人问到。这个问题有两种回答方式。第一种回答比较直接：能让你在作文上多拿分就行了，你管它是八股文还是九股文！

"刚开始我被问到这个问题的时候，我往往就这样回答。可是后来我发现，这样回答有点强词夺理，很难让人心服口服。"

"其实还是有道理的嘛。你教人家学习方法，不是为了让他多拿分还是为了啥？"赵璐笑着说。

"怎么说呢，反正我自己对这个答案很不满意。我在教大家看书学习的时候,不是说'不仅要知其然,还要知其所以然'吗？我自己在回答问题的时候，当然也就不能只告诉人家这样做是对的，却说不清楚为什么对。

"遇到想不通的问题，往往不是由于这个问题本身很复杂，而是这个问题背后有些更基本的东西没有搞清楚。好比有人到了高二高三，英语死活学不好，基本都是因为以前的基础太差，初中的很多单词和基本语法现象都没弄明白，所以盯着高二高三的这点知识怎么死啃也进步不大。

"既然关于为什么要用体系图来梳理作文思路,这个问题我回答不好,那我就应该到这个问题'背后'去寻找答案,从根本上把这个问题想清楚想明白。

"于是我问自己这样一个很基本的问题:为什么高考要考作文?这个问题你想过吗?"

"没想过。"赵璐双拳托着下巴,鼓着眼睛一脸茫然地摇头。

"那你现在想想,为什么高考要考作文?"

"为了考察大家的写作水平呗。"

"为什么要考察大家的写作水平呢?"

"将来有用。"

"有什么用?"

"写文章呀。你看,你不就出了好几本书了么?"

"我高中班上七十多个同学,现在有的在银行,有的卖汽车,有的开公司,有的在政府工作,只有我一个出过书。那是不是除了我以外,其他 90% 以上的同学,他们高中三年,不,从小学开始的十多年在写作文上花的时间和精力全都白费了呢?"

"唉,高考不就是这样,'一将功成万骨枯'。我将来就不想当作家,写什么作文呢?我看就是给那些作文写得好的拉来垫背的。"

"哈哈哈,"李大鹏拍着手笑起来,"你还形容得很贴切嘛,还会引用古诗,不错不错。你是临时想到的呢,还是以前就想过？"

"以前就想过。"

"你真的那么讨厌写作文？"

"也不是，有时候灵感来了写着也挺舒服的，不过大部分时间都很郁闷。"

"那你真觉得写作文对你毫无用处？"

"也不完全是。比如我在校广播站当小记者，有时候写点报道，感觉跟平时作文写得好不好还是有关系。"

"那看来不一定要当作家才需要练习写作文嘛。"

"作家写的多。"

"说得不错。作家就是以写作为生的，所以写作水平对他们来说是最重要的。然后，还有很多做文字工作的，比如编辑、记者，写作水平也很重要。

"我有很多同学在咨询公司、研究机构工作，天天都要写研究报告，文字水平太差可不行。在政府部门工作的同学，考公务员的时候分数最大的一道题目就是写申论，写不好就进不去，进去了之后日常办公也都是以公文报告的形式来走的，要求格式严谨、表达清楚、用词准确。

"前几天我有个在银行工作的同学也说，他正在努力写作对某个行业贷款额度的研究报告。在公司企业上班的同学们，各种汇报和总结也是少不了的。

"所以，高考考查我们的写作水平，目的不是为了选拔作家才子，而是为了考查我们的写作基本功。如果文采优美，当然应该得高分。但每个人的写作才华不同，只要我们能写出契合主题、思路清楚、结构明晰的文章，就可以拿到一个很不错的分数。

"因此，对大部分人而言，高考作文的写作不是追求写得文采飞扬，而是力求向阅卷老师展示出自己的思考能力和写作基本功。这一点，才是最重要的。那么，怎么样才能保证自己在短时间内写出切合主题、思路清楚、结构明晰的文章呢？

"用我们的体系图，从题目开始展开联想、选择思路、梳理写作框架，便是最快捷和最保险的方式。"

"嗯，这样一说嘛，还真是比刚才有道理多了。"赵璐满意地点点头。

"所以说，我们写作文有这么几个层次。

"首先，是要切题，符合题目的要求。一跑题，分数就在30分以下了。即使文笔很好，也不可能得高分。因为60分的作文，有30分不是用来评价作家这个层次的写作水平的，而是用来评价普通人的基本写作素质。比如你将来毕业了去做一个跟写作毫无关系的职业——销售，也就卖东西。跑遍了大江南北，到了年底，上级让你交个总结，谈一下对各地市场的看法。

"你可以把文章写得很烂，告诉上级：'没办法，我这个人没有写作天赋,当年高考作文只得了三十多分。不过,反正各地的市场情况我该说的都说了。'这样的解释还是可以接受的,毕竟上级不会拿作家的标准来要求一个销售人员。但是,如果你写得文采飞扬,说自己过去一年游览了祖国的大好河山,了解了各地的风土人情,春有百花秋有月,夏有凉风冬有雪,一路走来,感慨万千,但就是不提销售和市场。那你就等着被开除吧!所以,跑题就不能得高分甚至只能得零分,并不是什么限制创新,而是对你这个人基本的思维水平和写作素质的要求。无论在学习、生活还是实际工作中,这种要求都是很正常的。只要不跑题,作文得分肯定能超过50%了。

"我们的这个体系图,中心出发点就是题目,在此基础上展开联想,一步一步往下走,可以让我们的思维不至于跑得太远。这也就保证了自己的考试作文不会因为临时的紧张而意外失手。在考场上一下子丢个20~30分,可是一件相当可怕的事情。

"第二个层次,在扣题的基础上,主题鲜明,或者叫意旨突出——也就是让阅卷老师一看就知道你想说个什么意思。一篇几百字的文章,能把一个观点或想法说清楚就很不容易了,写得太散也不好。咱们继续拿那个写总结的销售人员举例。

"他的总结首先必须是谈市场和销售。但是,如果关于市场和销售的问题太多,他不停地列举个没完,什么问题都说得迷迷糊糊的,让人似懂非懂,这也不好。如果他挑出自己发现的几个最重要的问题，详细地说一通，发表自己的看法，那么这就是一篇还不错的总结报告了。

"所以，我们这个体系图，在围绕题目展开联想的基础上，最后要挑出一个自己最喜欢最好写的主题思路出来，围绕这个思路来谋篇布局。这样就保证了全文主题突出。一般来说，扣题而又主题明确的文章，就可以拿到及格也就是60%以上的分数了，60分的总分可以拿到36~40分的样子。

"再往上，第三个层次，就要求思路清楚、层次分明。

"这个就已经超过普通销售人员写报告的标准了，起码也得是销售经理写总结的标准。你要是在政府部门或者银行、国企、外企等大机构工作，很多事情都要采用书面沟通。想要解决个什么问题，或者申请办个什么事情，就要打个报告上去。先说我们要计划干什么——这是扣题；然后，全文都要围绕这个事来说——这是主题突出；最后，要强调做这件事的重要性，做了有什么好处，不做有什么坏处，成功的可能有多大……一条一条地列出来。上级一看，嗯，思路清楚、层次分明，说得很好，签字盖章——批准！

"咱们公务员考试的申论，也是按照这个要求来写的。咱们的高考作文，也是这样：阅卷老师第一步是一眼扫过去，看看全文是否符合题目要求、主题是否突出；第二步就是迅速地把全文阅读一遍，如果读下来觉得很容易看懂，意思表达得很清楚，那么这篇文章的分数就会在 70% 以上了，也就是 45 分左右。

"这三个层次，都可以很轻松地通过我们的体系图来实现。一个智力正常的人，阅读完作文题目之后，在草稿纸上写写画画，选准主题，梳理思路，然后清楚地有层次地表达出来，那都是很容易做到的。

"我们在此基础上，把字迹写工整，段落划分匀称，然后再引用那么一两句名言或者古诗词——就像你刚才说的'一将功成万骨枯'就很好，并做到开头有力、结尾干净。那么，并不需要什么漂亮的文笔，拿个 80% 的分数就问题不大。也就是 60 分的作文可以拿个 50 分左右——对绝大部分同学来说，这已经够令人满意了。

"至于 50 分再要往上，那就是按照将来要想成为作家呀、编辑呀等职业文字工作者的标准来要求了。这个时候考验的就是你的文笔和思想深度了。按照我们画图梳理文章思路的方法，多读多背，自然也是会有所收获的。

"所以说，在考场上，用我们这个画图的方法来梳理思路和文章结构，是没有错的。这既不是投机取巧，也不是生搬硬套，它非常符合中高考对学生写作能力的考核要求，一步一步地帮助我们写出高分作文。在没有梳理好基本写作思路的情况下，只盯着高考作文的文学性——也就是文笔——去努力，其实是在走弯路。"

6.3 英语作文也一样

"说到这里,我们可以再回顾一下最开始讲的'学习的第一原则'——做题挑简单的做,看书挑简单的看。

"实际上,写作文也是应该先挑简单的写。对一篇作文来说,扣题是最简单的,作文题目看懂了就应该不会跑题。但是跑题的人每年中高考都不在少数,这说明有很多人学习了那么多年作文,居然连这个最简单的基本功都没打扎实。

"保证扣题了,再来掌握怎样突出主题,然后掌握梳理思路和段落层次,最后才是如何写出文采。

"反过来说,如果作文水平很差,也应该逐步往'后退',一直退到自己觉得很简单的基础上去,从头开始巩固。文笔不行,不要怪自己没有文学天赋,先看看写作思路是不是清楚;如果总是思路理不清,也不要认为自己智商有问题,先看看对主题的把握怎么样;主题都把握不好,就看看对作文题目的理解能力怎么样。在哪个层次自己很有把握了,再往上去巩固练习。

"英语作文其实跟语文作文是一样的,惟一的区别就是它的要求比语文作文要低一个层次——它不要求文笔。满分的英语作文,只要思路清楚就行了。思路不太清楚,但是题目要求的点都说完了,没有明显的语法错误,也能得到高分;没有说完,但是基本符合题目的要求,单词语法基本正确,也能得一半以上的分数。

"所以，我们写作英语作文的时候，应该使用学习的第一原则来写，怎么简单怎么写。不要用自己没把握的单词和语法结构，而应该用最最简单的单词和句子，把题目要求的点完整地写出来，就一定能得高分。我们来看这道题目。这是一道高考题。今天我要教你怎么用初中单词写出一篇高分的高考英语作文出来。"

人们完成工作的方式通常有两种：独立完成与合作完成。两种方式各有特点。请你以"Working Individually or Working in a Team"为题，按照以下要点写一篇英语短文：

1. 独立完成：自行安排、自己解决
2. 合作完成：一起讨论、相互学习
3. 我喜欢的方式及理由

注意：字数100~120，文章的题目及开头已给出（不计词数）

Working Individually or Working in a Team
There are basically two ways to get work done.

"用初中的单词就能写出来？"赵璐半信半疑地听着。

"方法还是一样：从题目从发，梳理思路，然后选择并确定结构，然后开写。和语文作文的区别就是，我们完全不用考虑文笔好不好的问题——因为我们离这个层面还差得太远。所以，惟一的要求就是把题目要求说的都说到，尽量少出现单词拼写和语法错误，然后追求思路清楚就行。

"由于英语作文只要求120个字，也就相当于12句话左右，所以思路图比较简单。我们先根据题目的要求来搭架子。"

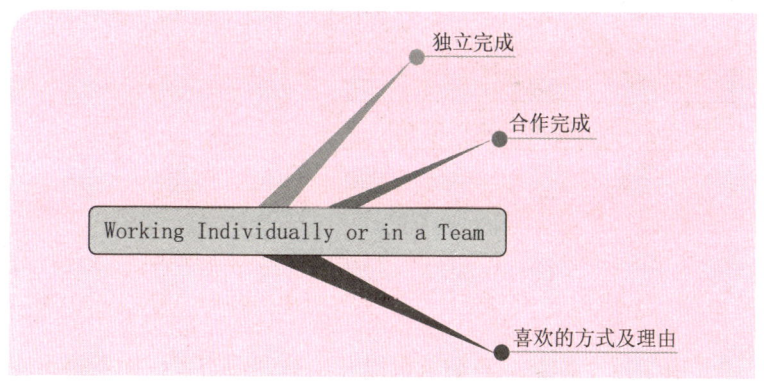

"架子搭好了，我们要展开联想，看看每一点有什么好说的。这个时候先不要担心英语怎么表达，先把意思想出来，写的时候只要变一下，就基本可以用简单的单词和语法表达。

"先看'独立完成'，根据题目的提示，肯定要先解释一下它的含义：主要强调个人安排、个人解决。同样，'合作完成'也要把题目的意思先说了，就是一起讨论、相互学习。

"最后，挑一个自己喜欢的方式。大部分人都会挑合作完成，因为这个好说，咱们也挑这个。反正英语作文完全不需要考虑写出什么新意，表达清楚就行了。所以挑最好说的写，不要去想什么单词重复啊、千篇一律啊、内容枯燥啊等等问题。

"由于英语作文短，所以我们的图也很简单。你看我们很轻松就把这个框架画出来了。"

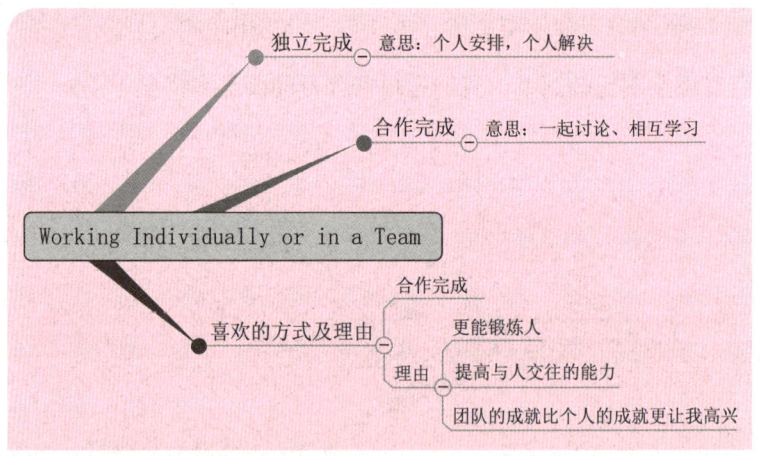

"有了这个框架，我们就可以开始遣词造句了。你觉得看着这个框架后边是不是就比较好写了？"

"不觉得。"赵璐摇摇头，"上面的话我估计一句也写不出来。什么'团队'，这个英语怎么说啊？"

"别怕别怕，写英语作文的时候遇到不知道的单词其实很好处理，找个意思比较接近的简单的来代替就行。这样不仅可以把问题说清楚，而且可以顺便多写点单词来凑数。哈哈。

"你看，我们来往下写。题目已经给了第一句话了，我们要接上。它说：有两种基本的工作方式。我们怎么接呢？一种是独立完成，一种是合作完成。这个单词都是现成的，尤其是 individually 很多人可能都不会写，咱们只要直接从题目里面抄就行了。"

> Working Individually or Working in a Team
> There are basically two ways to get work done. ***One is working individually; the other is working in a Team.***

"你看，轻轻松松就写了 11 个单词了。接下来还是要看题目，题目里面说：'这两种方法各有特点'。这句话也跟着翻译写进来，省的我们动脑筋。They are of different characteristics。

"但是，这个表达很多人不会，尤其是'特点'这个单词 characteristics，很多人都不会写。即使知道，也害怕写错了被扣分。没事，咱们给它变个意思就行。'各有特点'不就是说它们在有些地方不一样吗？所以又可以说 The two ways are different from each other（这两种方式互不相同）。

"但是，有人连 be different from each other 这种用法都不会，那该怎么办呢？再改一下嘛，There be 句型总学过吧，这个可是小学英语知识，所以咱们说 There are differences between them（它们之间有区别）。

"如果你在考场上过于紧张，连 different 和 difference 都忘了怎么拼了，那该怎么办呢？'不同'的反义词'相同'你总该知道吧？same这个词谁要到了高三都还不知道怎么写，那实在是太过分了。所以我们可以写成：They are not the same in many aspects（它们在很多方面不一样）。当然这里又出现了个aspects可能有人也不知道，那么用ways也是可以的。反正就是用你最有把握的单词来表达你的意思就行了。

"接下来，解释什么叫'独立完成'。独立完成主要强调个人安排和个人解决。这里'安排'应该是arrange，解决应该是resolve。但这两个单词都比较复杂，万一不知道怎么办呢？换成简单的呗，大概意思差不多就行了。

"'安排'可以改成'计划'——plan，'解决'可以改成'完成'——finish。这都是初中的基本单词。

"表达方式我们也套用第一句里面说的'two ways'——In the way of working individually, we plan the working tasks and finish them by ourselves。

"这句话还可以变得更简单，连task和ourselves这种稍微复杂一点的单词都不用，In the way of 这个比较抽象的表达方式也不要：When we are working individually, we make plans and finish them alone。

"然后，我们按照同样的方式再写working in a team。When we are working in a team, we discuss together and learn from each other。

"如果'谈论'的英语'discuss'不知道怎么拼,那就改成we need to talk about the work firstly and then make decision together(我们要先讨论工作然后做决定)。如果decision又想不起来了,我们干脆说we make plans together,把前面那句重复一下——当然,这是逼急了没办法才出此下策,一般来说还是不要完全一样。

"此外,还可以继续照抄题目例句里面第一句话的用法'get work done'——we get work done together(我们一起完成任务)。虽然已经离'谈论'的意思差得很远了,但也是在解释working in a team嘛。反正变来变去,我们总有话说,意思大概差不多就行了。

"这里的关键就是脸皮要厚,别怕重复,简单的句型多用几遍都可以,关键在于保证别出错。过分追求准确的甚至漂亮的表达方式,万一把单词和语法弄错了,这就是'硬伤'。

"到这里,我们数一下,已经写了四十多个单词了。接下来要表态了:In the two ways I prefer working in a team。

"如果不知道prefer怎么写,直接说I like working in a team more或者I think working in a team is better than working individually。如果这几句话都有把握,我们就尽量选择长一点的、单词多一点的,对吧?早点把字数写够就算完成任务了。我们选择最后一种表达,这样又很轻松地写了15个单词,过半了。

"此外，如果嫌后边的理由难得找，想少找几个。我们就要在前面多凑点字数，可以耍赖，用一个巨长的句型来表达这个其实很简单的意思：In my opinion, both of the two ways have their own good points and weak points. But I think working in a team is better than working individually(在我看来，这两种方式都有自己的优点和缺点。但是，我还是认为 working in a team 比 working individually 要好)。这样一来，光这一句表明态度的话，我们就写了 28 个单词。"

"哈哈哈，还真有点意思。"赵璐笑着说，"不过你这么变来变去的，变得这么快，谁比得上你啊？"

"这个就是一个熟练的功夫了。平时多练，自然就能做得到。我们平时做数学题的时候，经常会被要求找到这道题的多种解法。这对我们的解题能力是个很好的锻炼。其实写英语作文的时候，我们也可以让自己多多的去寻找'多种解法'——同一个汉语意思，我们变着方法用英语表达出来，可以很复杂，也可以很简单。这对我们的写作表达能力绝对是个很大的促进。

"所以说，英语作文其实最难的还是梳理写作思路。只要把思路梳理清楚，知道自己想说什么了，就算你高三的时候只具有初三的单词量和语法水平，最后还是能用英语说出来的。我们要有这个信心。比如，前面我们举的柳永的《雨霖铃》的'今宵酒醒何处，杨柳岸晓风残月'，你说能用初中的单词和语法表达出来吗？"

"啊？"赵璐张大嘴巴，"这个，这个不太可能吧。我现在都不知道柳树的单词是啥，还'杨柳岸晓风残月'？"

"根据我们学习的第一原则——干什么都挑简单的，既然杨柳这个单词不知道，我们可以换成树这个单词嘛，tree 总知道吧？

"When I woke up after I drunk too much, I saw the moon and felt cool winds and found I slept close to the river and the trees（当我喝得太多醒过来之后，我看见月亮，感到有凉风，发现自己在河岸的树边睡着了）。"

"我倒！这也算？"

"按照诗的标准来看，这肯定不算。但是按照我们中学英语作文的标准——意思清楚，没有明显的单词和语法错误——来看，这个翻译肯定能得 80% 的分数。"

"接下来再考你一句。《青花瓷》的歌词'天青色等烟雨，而我在等你'，能用初中的单词和语法翻译过来吗？"

"怎么翻译？"

"I was waiting for you when the sky became dark and the rain was coming。"

"你这个翻译估计能把周杰伦气死。"

"你管他呢。只要能让阅卷老师多给你点分就行了，对吧？反正我举这些例子，就是让你知道，英语作文不过就两个方面。

"第一是组织意思，把写作思路理清楚，这个跟语文作文是一样的，用我们的体系图来梳理最快最有效；

"第二是用英语把你的意思表达出来，这个只要平时多练，什么意思都能用很简单的单词和语法说出来。做到了这两点，英语作文肯定能得高分。

"这篇英语作文的后面半截，就当你今天的家庭作业吧，按照我这个方法把它写出来，最好是写个两三种套路出来。现在我们休息十分钟。"

6.4 解题规律举例：物理例题

"前面我拿语文和英语来举例，是因为你这两门学得最好，讲起来你也好理解。现在我们归纳一下这个基本的解题思路：

第一，从题目出发，展开联想；

第二，根据联想一步步画出思路图，用来帮助梳理思路；

第三，找到与题目要求相符合的解题思路，解题。

"我前面给你举的语文作文和英语作文的例子，都是按照这个套路来的。实际上，解题的本质，就是在题目给出的条件和提出的问题之间建立起联系。任何一道题目，除了太简单不需要思考的，都应该按照这个思路来解决。

"首先，我们要认真看题，从题目出发展开联想。

"前面给你举的例子都是你比较熟悉的知识，下面给你举个你非常陌生的题目来给你示范一下这种解题思路的运用。"

"呵呵,数学题现在可没以前那么陌生了哦。"赵璐有点得意地说。

"谁说要给你讲数学题的?"

"那是什么?你不是说我数学最烂吗?"

"你看你,思维受到局限了吧。我又没说这个题目在你高考要考的科目里面。数学你现在没那么陌生了,那我就讲一道物理题目,够陌生吧?"

"我晕,你又讲物理啊?干吗老挑这种跟我考试不相干的来讲。"

"这个可有讲究。前面讲的语文和英语的知识你都很熟悉,是为了便于你理解。但是我今天的目的不是教你语文或英语,而是教你解题的规律。所以还得举一个你完全不知道的知识来给你讲,让你专心地掌握解题的方法,而不是关注题目的内容。从这两个方面都给你讲一讲,你对这个解题方法的理解就更加透彻了。不废话了,我们来看这道题目。"

> 如果将一个塑料瓶装满水，拧上盖子封死，然后朝着瓶子开一枪，结果会怎样？
> A. 水从子弹的出口向前喷出；
> B. 瓶子向四周炸开，水向四周喷出；
> C. 瓶子里的水会向前和上下左右喷出，但不会向后喷出；
> D. 瓶子里的水会上下喷出。

"这道题的相关知识其实你们初中也学过，只不过估计你现在也忘得差不多了。要想解决这样一道题目，我们应该怎样进行思考？

"第一，是从题目出发。这道题目当中提到了这样几个东西：塑料瓶、子弹、水。"

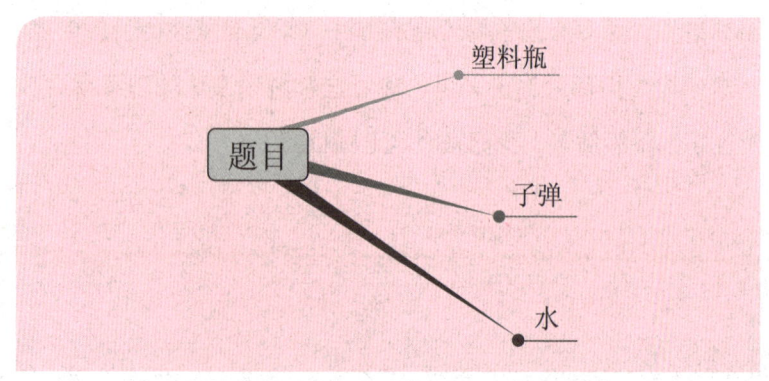

"第二，接下来，我们要从题目开始展开联想了：关于塑料瓶，

中学物理没有什么相关的知识点；关于子弹，我们会想到极高的速度、极强的穿透力，也许还能想到子弹运行的抛物线轨道，但根据这些好像还是不能得出结论；然后我们想到水，中学物理中有关于水的知识点有很多，比如水的密度、浮力、压强、光在水中的折射、全反射等等。再进一步往下想，其中密度、浮力、折射、全反射都好像和这道题没什么关系。那么压强呢？可以想到压强的大小、方向……对，方向！这道题目的选项不就是在说瓶子里的水会朝什么方向喷吗？那么水的压强的方向是怎样的呢？物理书上写得很清楚，在同一位置上，水的压强在各个方向都是一样的。"

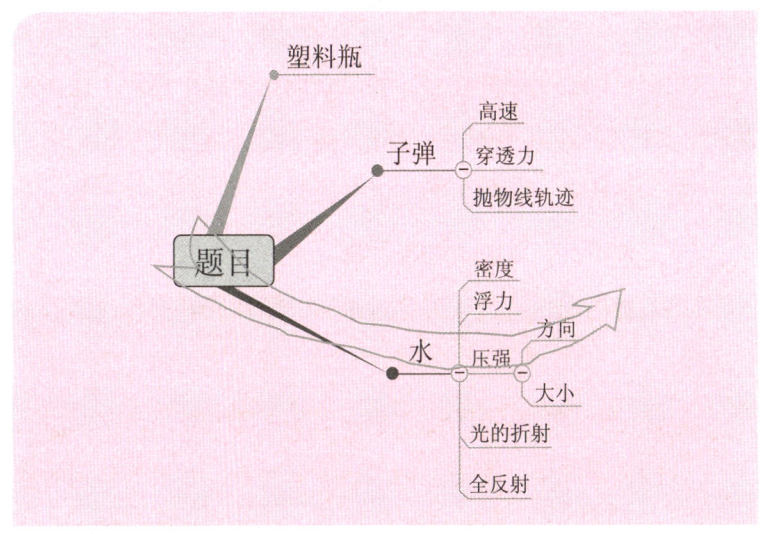

"第三，我们再把前面的思路联结起来，就可以得出一个很

清楚的思路：子弹以极高的速度穿过塑料瓶，给瓶子里的水施加了巨大的力量，由于水的压强是向四周传播的，所以，瓶子会向四周炸开。正确答案是 B。"

子弹穿过易拉罐的瞬间，罐子向四周炸裂。尤其注意有大量的水会逆着子弹射入的方向向后喷出。

"我们再回到上面的题目，如果我们在考试中遇到了这么一道题，我们在哪几种情况下能够找到正确答案呢？

"第一种情况，瞎蒙一个，蒙对了；

"第二种情况，以前做过这道题；

"第三种情况，见过子弹穿过水瓶的照片或者视频，知道它会四周炸开；

"最后一种情况，从题目出发，利用学过的知识，推出正确的结论。

"这四种情况中，前面三种都属于运气好，如果遇到别的题目的时候没有这种运气，那就只有干瞪眼了。而只有第四种是真正意义上的'解题'，具备了第四种能力，不仅能够解这一道题，其他更多的题也能解。所以，从题目出发，通过展开联想并梳理思路，在题目的条件和问题之间建立起联系，才是提高解题能力的基本规律。同时，它没有任何神秘的地方，是每一个正常人都可以通过学习来加以掌握的。"

6.5 解题规律举例：数学运算

"看完这道物理题目之后，下面，我们终于可以用这个方法来解决你盼望已久的数学题目了。"李大鹏笑着说。

> 我家在一条小巷里。这条小巷的门牌号码从1号开始，挨着号码编下去。如果除我家外，其余各家的门牌号加起来，减去我家的门牌号数，恰好等于100。问我家的门牌号数是几号？整条小巷一共有几户人家？

"这道题字数不少，还有点绕来绕去，很容易把人给绕晕了。但是只要我们稍微梳理一下题目，思路马上就清楚起来了。我们来看，题目里面有用的信息有哪些？在一条小巷里还是在一条大街上，这些都没用。

"既然是数学题，那就得和数字有关。首先，'从1号开始，挨着号码编下去'——这说明这是从1开始的连续整数，也就是自然数列。

第6章 解题的规律

"'除我家外,其余各家的门牌号加起来'——这是自然数列求和,减去其中的一个数字。

"'减去我家的门牌号数'——把那个数字再减一次。

"'恰好等于100'——最后结果是100。

"问题:'我家的门牌号数是几号?'——那个被减了两次的数字是多少。

"'整条小巷一共有几户人家?'——这个数列有多少位数,或者说它的最大自然数是多少。

"经过这样一分析,我们就可以把题目的思路画出来。"

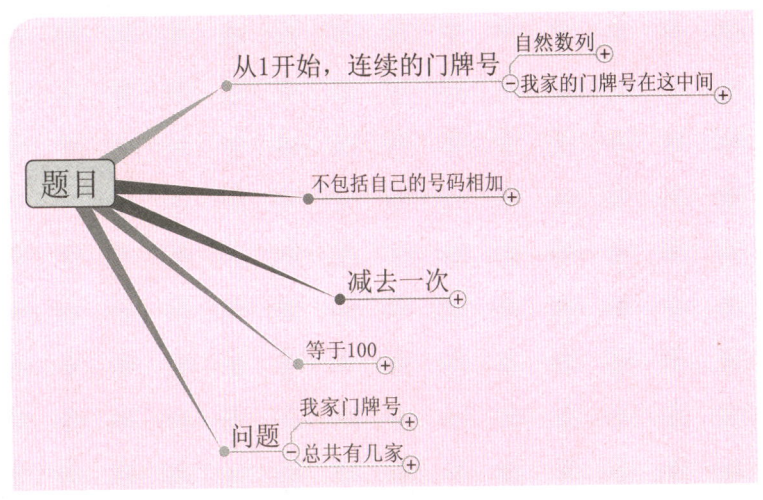

"这里我们把这个图看一遍,看看哪里能有突破口?一般来说,遇到复杂的数字问题,都要设个未知数 x,然后看怎么列方程。根据问题,我们要有两个未知数。我们设我家门牌号为 x,总共有 y 家。这样再看别的条件：

"最上面，'自然数列'说明：x 和 y 都是大于 0 的整数，或者说自然数；

"接下来，我家的门牌号在这中间，说明 $1 \leqslant x \leqslant y$；

"接下来，不包括自己家的号码相加，1+2+3……一直加到 y，中间还要减去 x，表示为：1+2+3……+y−x；

"然后，还要再减去一次我家的门牌号，就是：1+2+3……+y−x−x；

"等于 100，就是：1+2+3……+y−2x=100。我们就继续往下画图。"

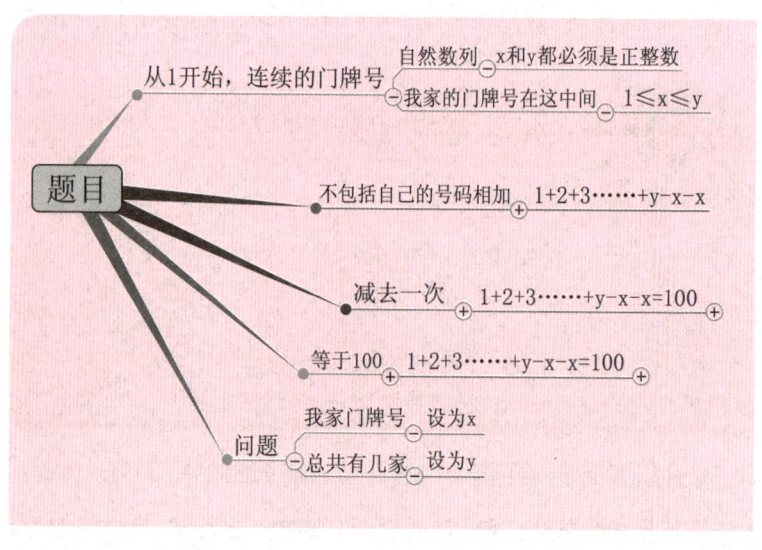

"在这新的一层思路中，又有哪个地方和我们平时学习的知

识能联系起来呢？看了一遍之后，只有一个 1+2+3……+y 是有数学公式的。

"我们从小学开始就学过简便运算，从 1 加到 99，可以用 1+99=100、2+98=100，总共有 49 个 100，然后中间还有一个 50，正好是 1+99 的一半——它在中间嘛，当然是一半。这并不是巧合，所以 1+2+3……99=（1+99）×49+50=〔（1+99）×98）〕/2+(1+99)/2=〔99(1+99)〕/2。

"其他任何自然数列其实也是一样：两头相加，乘以它的位数，然后除以 2。这是我们学过的最简单的数列求和公式：1+2+3……y=y(1+y)/2。

"所以，我们的思路就可以在这个地方往前推进了。1+2+3……y-x-x=100，可以表示为：y(1+y)/2-2x=100。"

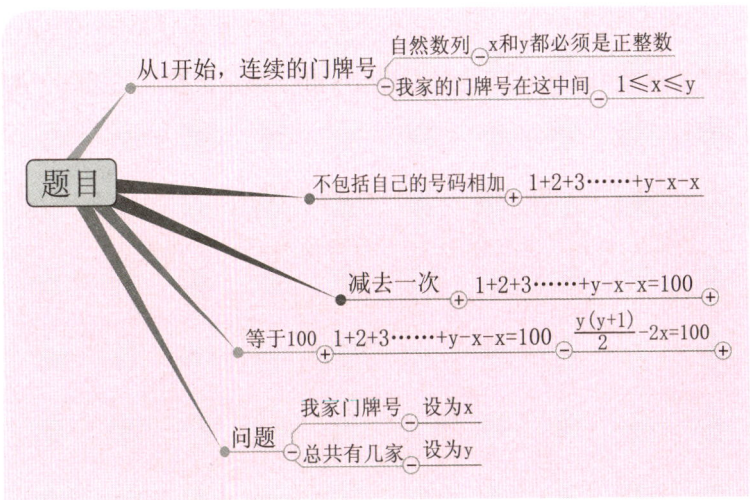

"这样，我们得到一个二元一次方程。不管有没有学过二元一次方程，这个方程都是没法解的。因为二元一次方程有两个未知数，最少要有两个方程才能解，而我们只得到了一个方程。那怎么办呢？

"没办法，我们只能再去别的地方找一找有没有新的突破口。找来找去，有 x 和 y 都是正整数这两个条件，那么能不能和我们的新方程联合起来求解呢？

"我们来凑一下，因为是整数，从 1 开始连续相加，最后要得到一个比 100 稍微大一点的整数，这个数字不会太长。所以我们可以直接凑。把 2x 移到方程的右边，变成了 y(1+y)/2=100-2x。凑来凑去，第一个比 100 稍微大一点的数是 14，14（14+1）/2=105。

"我们检查一下，看看它行不行。因为等式后面是 100-2x，所以 x=(105-100)/2=2.5。这不符合 x 和 y 都是正整数的条件，所以不行。

"再往下，就是 15，15（15+1）/2=120。

"所以，x=(120-100)/2=10，符合所有条件，正确。

"再往下呢？16，16（16+1）/2=136。

"所以，x=(136-100)/2=18，x 比 16 还大，不符合条件。

"因此，正确答案是 15。我们的解题思路就画成了这样：

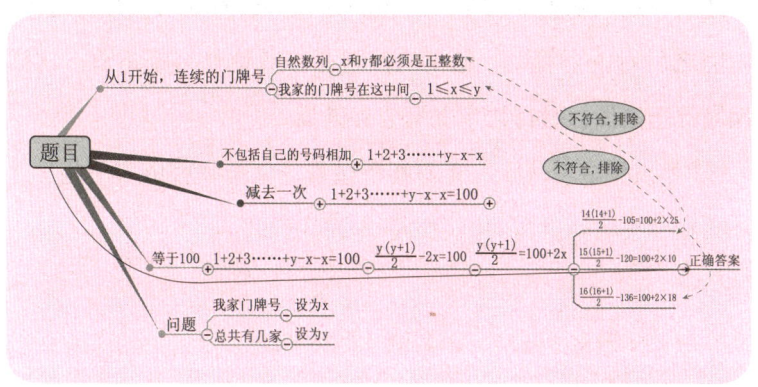

"实际上，我们列出二元一次方程以后，选择了'凑'的方法。这个只是最简单要求最低的一种。我们从二元一次方程出发，结合这个条件，可以列出二元一次不等式来解题。"

（注：由于二元一次不等式涉及到高年级的数学知识，这部分的讲解列入本章附录，供高年级的同学参考。）

"这就是我们从题目出发，逐步展开联想，最终找到解题思路的全过程。大部分的人在做题的时候，往往只关心答案。很多老师在讲课的时候，往往也是主要讲计算过程或答案。但是对整个思考过程，往往讲解得并不够清楚细致。这就和我们梳理知识体系一样，如果只看到表面的知识本身，而没有把握知识内在的联系，就不能够真正地做到彻底理解，也就不可能取得长足的进步。

"比如这道题,如果你只看答案,是 15 家,那么你什么都不知道,这是最糟糕的学习。很多人在自己做题的时候就这样,做完之后对一下答案,错了的改过来,其他什么都不管。这样做题等于白做,做得再多也不会有进步。

"如果你多看一点,看看解题过程,就会收获更多一些。这是我在一本教辅材料的例题讲解里面找到的:

> $1+2+3+\cdots\cdots+14=(1+14)\times 14/2=105$
>
> $1+2+3+\cdots\cdots+15=(1+15)\times 15/2=120$
>
> 除去我家门牌,其余的门牌号数加起来,减去我家的门牌号数,恰好等于 100,说明减去 2 个我家的门牌号得 100。105 是单数,排除。
>
> 所以,我家的门牌号是 $(120-100)/2=10$ 号
>
> 这条小巷共有 15 家人。

"大部分老师的讲解或例题讲解,也就讲到这一步了。这是中等水平的学习方式。但是,我们只知道了计算过程,却不知道思考的过程,还是不够深入。我们不知道,在没有任何提示的情况下,怎么样从题目给出的条件'想到'计算过程——而这才是解题最重要的方面。所以相当大一部分人都会有这样的

疑问：答案我能看懂，一看就明白，但是下次遇到类似的题目，我还是不会做，更不要说遇到从没见过的新题目了。这是为什么？就是因为：答案≠计算过程≠思考过程。

"所以，最不会学习的人只知道看答案，普通的学生知道看计算过程，惟有真正的学习高手才知道研究思考过程。"

6.6 解题规律举例：哲学原理

"其实我们这个方法，跟我们梳理知识体系的方法，是一致的。梳理知识体系画出来的图，和梳理解题思路画出来的图，样子都是差不多的。

"这并不是巧合！这是我多年来钻研学习和解题方法的一个重要心得——学习的过程是一个整体，或者说是一个系统，每一个阶段都是密切联系在一起的。把知识学习好了，解题能力自然就提高了；通过解题的锻炼，又可以加深对知识的理解。

"读书，要一边读一边梳理知识体系，并做一些辅助练习；听课，要一边听一边梳理老师的讲课思路和记录重点（参见本书第2章附录：记笔记需要注意的三大原则）。

"背诵，要先通过读书和听课把知识点彻底理解了，再来梳理知识体系、把握知识的规律，然后才能记得又快又好。

"解题，则必须以课本上的基础知识为基础，从题目出发，展开联想，根据知识之间的联系来寻找解题思路。**解题的过程，**

同时也就是重新梳理知识之间联系的过程。

"当我们把这些学习的不同过程都融合在一起的时候，我们就成为了不折不扣的学习高手了！"

"说得好好哦，可是——要做到应该很难吧。"

"其实并不难，把所有这些融合在一起的就两条。**第一，学习的第一原则：永远从最简单的地方开始。第二，学习的第二原则：系统学习，把握规律——也就是从大到小把握知识的内在联系**。只要把这两条用好了，整个学习的过程，不管是看书听课还是背书解题，就都非常简单了。

"接下来给你举个比较全面的例子，看看我们在实际的学习过程中是怎么样把知识的学习和高效的解题联系起来的。这个学习知识与高效解题的结合，其实我在前面就给你讲过了。你看我给你梳理历史知识体系之后，不是马上就用来解决了一道高考历史论述题'试分析唐朝对外交流的发达程度超出汉朝的原因'吗？（注：参见本书第3章第3小节·记忆方法实战教学2·历史知识。）

"今天我再给你举个类似的例子。我们高中二年级上册的哲学原理。

"学习知识，总是从最简单最基础的地方开始。在我来给你辅导之前，你就已经把高中哲学的课本看了两遍了，在高二的时候也还跟着老师学习过一遍。这个过程，基本上已经把书上

第6章 解题的规律

的基础知识学到手了。——这是我们学习的第一步。

"我后来又让你重新梳理了一遍，一边看还要一边整理知识体系。关于高中哲学，其实东西很少，讲了半天只讲了一句话，你真把这一句话搞清楚了，学习起来就简单得很：世界是物质的，物质是运动的，运动是有规律的，规律是可以认识和掌握的；只要我们认识和掌握了规律，就可以利用规律来改造世界了！"

"哈哈，你上回给我说过，我可记着的。"

"对，上次带着你梳理政治知识的时候跟你讲过。今天我们要把它落实到解题上来。我还给你画了一幅知识结构图。是这个样子的，你还记得吧？"

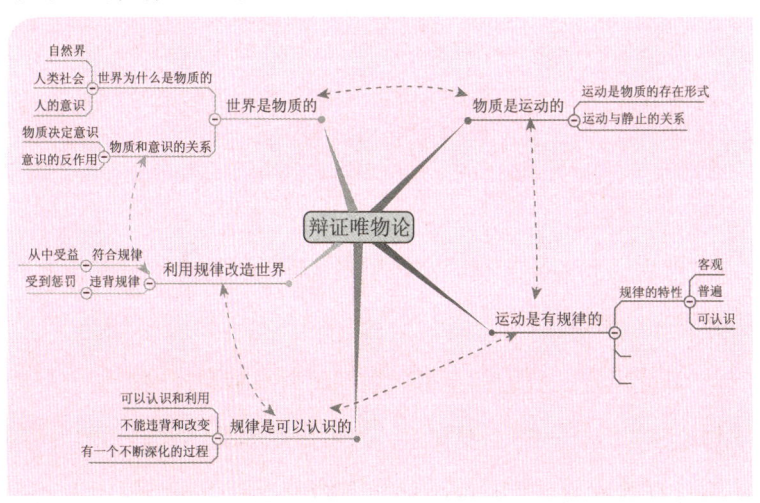

"记得。"赵璐看着图点点头。

"对了，前面我们通过读书把知识点彻底理解了、弄熟了。

然后通过梳理知识体系，画出了这样一幅图，也就明白了知识内部的联系。——这就完成了第二步。

"在彻底理解和把握知识规律的基础上，我们的记忆就变得很轻松了。我们按照从大到小的顺序来背诵这些相关的知识点：

> 第一层次：世界是物质的，物质是运动的，运动是有规律的，规律是可以认识和掌握的；只要我们认识和掌握了规律，就可以利用规律来改造世界。
>
> 第二层次：世界是物质的，分为两部分：世界为什么是物质的，物质和意识的关系。
>
> 第三层次：世界为什么是物质的？从三个方面论证：自然界的物质性，人类社会的物质性，人的意识是物质世界发展的产物。

"然后，我们再来梳理"物质是运动的"这个大分支下面的小分支和知识点。

"如此反复，我们甚至可以做到闭着眼睛轻松地把整个辩证唯物论完整复述一遍。要知道，这可是厚厚的一大本书的内容。如果没有系统的梳理，要把这么多知识点一个一个硬生生地背下来，谈何容易！"

李大鹏越说越进入状态，几乎像在发表一场个人演说。他神情振奋,仿佛回到了自己的高考时代。

"现在,我们的学习过程已经告一段落,该进入高考考场了。

"这一年的全国高考,比以往时候来得更热一些,窗外知了叫得正欢,考场里却一片死寂。讲台上坐着表情严肃的监考老师,两只眼睛像探照灯一样扫来扫去,严防任何人作弊。所有的人都在埋头做题,假设你已坐在考场上,估计也被这种紧张的气氛压抑得大气也不敢出一口。一低头,只看见试卷上赫然印着这样一道题:

范仲淹在《岳阳楼记》中感叹:"余观夫巴陵胜状,在洞庭一湖,衔远山,吞长江,浩浩汤汤,横无际涯,朝晖夕阴,气象万千。"

历史上,洞庭湖的面积曾广达6000多平方公里。但多年来,由于片面强调粮食生产,洞庭湖区大规模围湖造田,加上大量泥沙淤积,造成洞庭湖面积不断缩小。

近些年,该地区逐步退耕还湖,尤其是1998年以来,政府投资70亿元,进行综合治理,洞庭湖面积扩大了1/5,湖区生态环境得到改善;除传统养殖业外,还发展养殖业、加工业等,湖区居民收入明显提高。

问:从围湖造田到退耕还湖的转变,给我们什么哲学启示?

(12分)

"这道12分的大题你应该怎么做?

"有人一看,哇,哲学启示!哇,12分!赶紧把自己所记得的全部哲学启示都弄上去,答了足足12点,密密麻麻写了一大篇。答完之后还自我安慰:我写了这么多字,12个要点,一点给我一分不就行了!

"这样的想法当然很好,惟一的问题是阅卷老师并不支持他的观点。老师看见密密麻麻一大片就开始皱眉头,心想:这学生不错,知识还挺丰富,字也不少,就给你2分吧——这道题就算完了。

"如果你在文科学习中仅仅靠简单学习死记硬背了一些杂乱无章的知识点,那么这道题也就是这个结果。

"正确的思路应该是这样:

"首先,我们要来看问题:'从围湖造田到退耕还湖的转变,给我们什么哲学启示?'题目中的关键词有三个:围湖造田,退耕还湖,转变。

"从围湖造田我们会想到什么?破坏自然环境。退耕还湖呢?保护环境,人与自然和谐共存,此外还可以从材料里面看出,保护环境的结果是人类也从中受益(湖区居民收入明显提高)。

"前面两个关键词都联想出了'环境'。环境如果用哲学的概念来归类,就是'客观世界'。人们保护或是破坏环境,都是'改造客观世界'。这个时候我们很自然地想到了我们哲学体系图里面的'利用规律改造世界'。人类可以改造世界,如果符合规律,就从中受益;如果违背规律,就会受到惩罚。

"从'转变'我们可以想到什么?既然要求是哲学启示,我们当然应该从哲学内容里面去想。哪些跟变化有关系呢?仍然从体系图里面搜索:物质是运动的,运动是有规律的,规律是可以认识的,人类对规律的认识有一个不断深化的过程。再把搜索到的关键词和前面想到的内容对比,不难想出这道题目应该围绕'规律'来回答。

"具体的思路图如下:

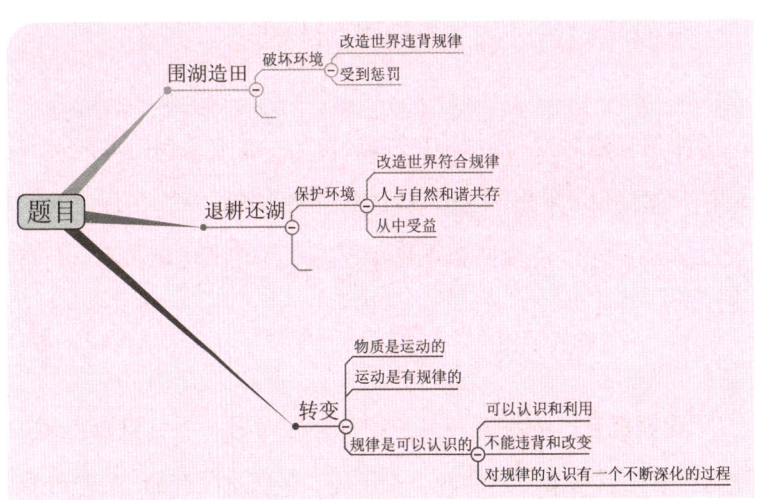

"通过对上面思路的整理,我们就知道该如何作答了。由于这是12分的大题,不能光干巴巴答上两点原理,还需要根据原理对材料做一阐述:

(1) 人类对规律的认识是一个不断深化的过程。

(2) 规律是客观的,人该按客观规律办事。遵循规律的行为可以从自然界获益,违背规律的所为必将受到自然的处罚。

(3) 在洞庭湖区,以前人们不认识自然规律,违背自然规律,盲目围湖造田,破坏生态环境,受到了规律惩罚;现在开始认识规律、遵循规律,维护生态环境,实现了经济和环境的协调发展,人与自然的和谐共存。

"我们再来看一下当年高考的评分标准:

从洞庭湖的变迁,我们可以认识到:①发展经济必须与环境保护相协调(4分);②人类认识自然规律是一个不断深化的过程(4分);③要按照客观规律办事,违背客观规律要受到惩罚(4分)。

"我们把自己的答案和高考评分标准对照一下,可以得多少分呢?第二点和第三点的两个4分是一点悬念没有的,肯定到手。第一点发展经济必须与环境保护相协调的4分能得多少,只有看判卷老师的心情了。总体得分应该是10~12分之间吧。

"至于被扣掉的1~2分,这个没有办法,只能算是'自然灾害'。文科试题的标准答案和评分标准跟理科不同,主观性很强,不同的出题人给出的标准答案可能会有差别,不同的判卷老师给分的尺度也会有区别。

"这个问题以前我在讲历史题目的时候也说过。总之,这种差别是有限度的,比如这道题,不管谁出的题,标准答案里面肯定会提到'认识的深化、遵循规律、违背规律'等关键词。只要我们按照正确的模式去学习、正确的思路去思考,肯定能拿下大部分分数。

"从这个过程,我们就可以看出学习的过程与提高解题能力的过程其实是一致的。你把基础知识弄熟了,把知识体系理清楚了,然后拿着这些到题目里面去寻找条件和问题之间的关系,就可以顺利解题拿分了。"

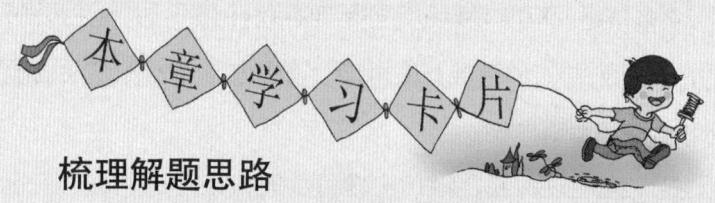

梳理解题思路

1. 梳理好知识体系是提高解题能力的基础

本章的解题方法并没有看起来那么简单。如果没有按照前面几章介绍的方法,认真看书,彻底理解并理清知识体系,那么仅仅靠画体系图是很难帮助你提高多少解题能力的。

实际上,本书到这一章已经进入了"深水区",实际难度比前面几章都大大提高了。前面几章的内容,看完之后马上就可以模仿着使用,而且见效也很快。但本章的内容,模仿起来将会比较困难。李大鹏讲课中看起来轻松愉快的各种变化,都是建立在对基础知识非常熟悉的基础上的。跳过前面几章的基础训练,仅仅靠模仿本章中的解题技巧来提高成绩,是一种急功近利的行为,不会取得太大的成效。

2. 对不同的题型如何才能举一反三

本章只举了几种题型来说明解题的基本规律。想必有很多同学希望知道更多题型的解题思路。由于题型千差万别,不可能一一列举。但是,它们的解题规律都是基本一致的。

希望了解更多题型的解题方法的同学,不要着急把这个方法套用到别的题型上。如前所述,本章所说的规律看起来很简单,但是要做到活学活用，掌握其中的变化，并非易事。所以，应该遵循学习的第一原则——从最简单的地方着手。我们应该先把本章讲解的几种题型的解题规律摸熟弄透。先直接套用本章的方法来写几篇语文作文，写几篇英语作文，多解几道物理或数学计算题，多做几道历史或政治的论述题。用这些我们已经讲过的题型，来熟悉解题规律。

等到我们通过这几种常用题型的训练，已经对这个解题的规律——或者说基本套路——用得很熟练，理解得很透彻之后之后，再来举一反三，用来解决别的题型，就会容易很多。

3．画图只是一种辅助手段

画体系图和我们做数学题要在草稿纸上演算一样，都只是一种辅助手段。有些很简单的数学题，我们可以不用打草稿就知道答案。同样，一些简单的思路，也可以不用画图就能梳理出来。

在平时的练习中，可以认真地画一下解题的思路图，这样做可以帮助我们形成良好的思维习惯，加深对题目的理解。画得多了，我们一看到题目就会自然地开始从条件展开联想，然后进行筛选，并找到清晰的解题思路。到了考场上，我们就不能这么细致地画图了，就要像打草稿一样快速地潦草地勾画出来——只要能帮助我们把思路梳理出来就行了。对于简单的题目，则根本就不需要在纸上画图。

4. 解题思路图和知识体系图的区别

简单来说，解题思路图要比知识结构图复杂。虽然它们表面看起来一样，而且也都是用来梳理知识之间联系的，但是，难易程度却不一样。

我们课本上的知识是按照从简单到复杂的顺序安排的，编排的目的也是为了便于大家学习，所以我们在梳理的时候可以以书的目录作为参照，从前往后、从易到难地进行梳理，相对比较轻松。而题目中的知识往往是被出题人故意打乱了的，没有一定的顺序，很多联系也是隐藏着的，所以我们才要自己展开联想，思考在条件和答案之间建立联系的各种可能性，最后挑选一种符合题目要求的作为解题思路。

在寻找解题思路的过程中，知识之间的联系是展开联想的基础——毕竟这是考试，我们不能没有根据地瞎联想。所以，要想画好解题的思路图，必须先要画好知识体系图，熟练把握基础知识之间的联系。

5. 我们画的不是图，是思路

请不要把思路图看成是李大鹏发明的一种"解题技巧"。因为，我们解决任何一道题目，都必然要从条件出发，结合课本知识来思考这些条件能够告诉我们什么，然后找到它和问题的关系。任何人，做任何题目，都是这么思考的。所以，这个思路图不是新发明，也不是教大家用一种跟以前不一样的新方法来解题，只是把我们大脑里面的思考过程一步一步地记录下来，画到纸上，让它看起来更清楚，梳理起来更容易，那些一闪而过的"灵感"也更容易被我们抓住，从而大大提高我们的解题效率和思维能力。

1. 用李大鹏教给赵璐写作英语作文的方法，完成本章第二小节的英语作文的后半部分。

2. 本章李大鹏给赵璐讲解的题目都比较简单。如果遇到复杂的题目，画图也理不出思路来该怎么办？或者，怎样用思路图来帮助我们解决难题？请结合学习的第一原则和本章学习卡片第二点内容思考这个问题。

3. 用李大鹏写作《我的杯子，听我的》的方法，试着写一篇语文高考作文。试题如下：

南太平洋的小岛上，有很多绿海龟孵化小龟的沙穴。一天黄昏，一只幼龟探头探脑地爬出来。一只老鹰直冲下来要叼走它。一位好心的游客发现了它，连忙跑过去赶走老鹰，护着小龟爬进大海。可是，意想不到的事情发生了，沙穴里成群的幼龟鱼贯而出——原来，先出来的那幼龟是个"侦察兵"，一旦遇到危险，它便缩回去，现在它安全到达大海，错误的信息使幼龟们争先恐后地爬到毫无遮挡的海滩。好心的游客走了，原先那只等待时机的老鹰又再回来了，其他老鹰也跟过来了。

要求选择一个角度构思作文，自主确定立意，确定文体，确定标题；不要脱离材料内容及含义的范围作文，不要套作，不得抄袭。

附录4　本章数学例题的二元一次不等式解题思路

接本章6.5。

虽然 y(1+y)/2−2x=100 这个二元一次方程我们解不出来,但是,我们可以寻找别的突破口。第一个突破口就是把它和"x 和 y 都是正整数"结合起来,开始"凑"。这个思路已经讲过了。同时,我们还可以把它和这个条件结合起来,列一个二元一次不等式,利用不等式来求解。由于 x ≥ 1,所以 y(1+y)/2−2y ≥ y(1+y)/2 −2x=100;由于 x ≤ y,所以 y(1+y)/2−2y ≤ y(1+y)/2−2x=100。这样我们就利用不等式把 x 给暂时消掉了,得到了两个只有一个未知数的不等式。

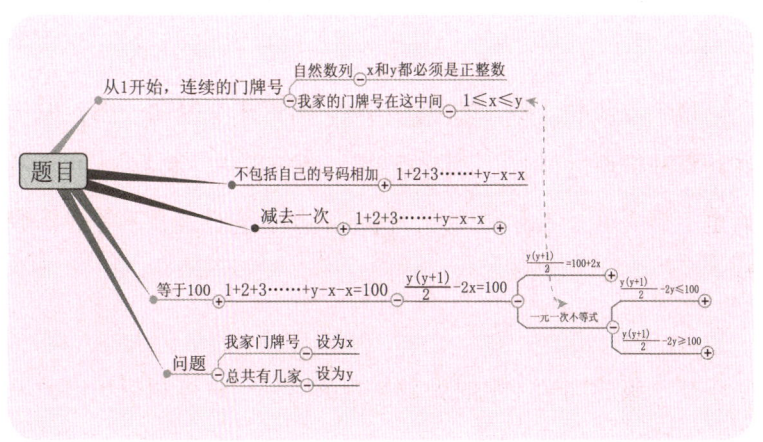

利用我们学习的关于二元一次不等式的知识，求解这两个不等式，不难得出答案。

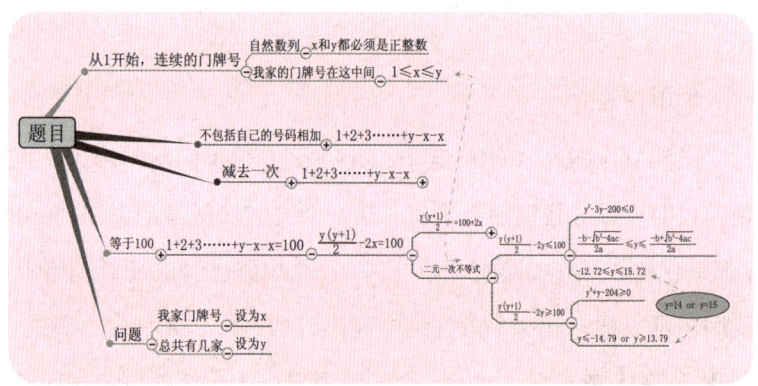

最后排除掉y小于0的值，在其取值范围内只有14和15两个整数，所以，仍然可以计算出y=14或者y=15。然后根据本书第6章6.5中同样的方法，排除掉14，最后得到正确答案15。然后计算出x=10。

这个方法和"凑"的方法比较，看起来要复杂一些。但是在计算和推理过程上更加科学严谨，不需要去"凑数"，而且最后也不需要再去考虑15以上的取值，因为它已经被不等式排除掉了。

高年级的同学在平时做数学题的时候，应该利用我们的思路图，尽量从更多方面展开联想，寻找不同的思路来解题。有时候即使已经想到了简便方法，但仍然可以去尝试着走一些比较复杂的路线，这对我们思维能力的提高有很大的帮助。

第7章
学习的第三原则:
贵精不贵多

本章设问：

1. 做了很多题，学得很辛苦，但是见不到效果，这是为什么？

2. 难度差不多的题目，有人半个小时做一道，有人半个小时做三道，但李大鹏却说前者效率远远高于后者。他这句话在什么情况下才是正确的？

7.1 新问题和老问题

"现在,我们又面临着一个新的问题。"又一个周末,李大鹏表情严肃地在赵璐屋里踱来踱去。

"什么问题?说吧。"赵璐吃着饼干喝着水,然后还忙着找纸巾擦嘴,一副心不在焉的样子,都没朝李大鹏这边看。

"你怎么问得这么假,干巴巴的?"

"我知道,你这叫'设问'。"赵璐擦完嘴,得意地笑着说,"先提出一个问题,激起我的兴趣,然后由你来巧妙地把它解决掉,对吧?前面不都是这么干的?哎呀,老叔,我知道你根本就没问题,你就直接开说解决方案吧。我听着呢。"

"唉,越来越聪明了,你老叔这套把戏都快全被你看穿了。不过也好,重要的东西基本讲完了,还剩这最后一出了。这最后一个新问题,实际上是一个老问题:你现在时间有限,需要做的题很多,做不过来怎么办?"

"挑简单的做。"

"什么样才算是简单的?"

"凭感觉。"

"感觉简单到什么程度?"

"什么什么程度?自己感觉简单就行了呗。"

"简单的,实际上也分为两种,一种是非常简单的;一种是不是非常简单的,也就是水平适中的,做起来感觉不难,但稍微有点挑战性的。做哪一种？"

"不是非常简单的。"

"对了，这实际上是对我们的学习第一原则——做题挑简单的做，看书挑简单的看——的一个补充。那就是，简单要有个程度，不能太简单太垃圾，不能到了高三还在天天做小学四则运算题，对吧？就像我在一开头给你打的那个比方一样：吃鱼要吃鱼身子。鱼头就是难题，鱼尾巴就是太简单的题目，都不要。

"现在的问题就是：对于这种稍微有点挑战性的题目，我们该怎么来做？"

"画图来做呗。"

"为什么要画图来做？"

"为什么？你不是说了，这样能把思路理清楚吗？"

"可是画图很费时间呃。把一幅图画清楚的时间够我做三四道题了，有必要费这么大劲吗？"

"因为——我几天的感觉——真要把图画出来了，还真是做一道比做三四道管用。"

"看来你现在对自己信心很足嘛，回答我的问题不像以前那样畏畏缩缩的了。"

"净胡说，我以前怎么畏畏缩缩的了？"

"呵呵，这样就好，就是要有自信才对。你刚才这个回答嘛，其实就是我想说的关于学习的最后一个重点：不管是看书还是做题,都要贵精不贵多。用心地把一道题目吃透,效果比用同样的时间做很多道题目要好得多。画图只是一个方面,我们看书做题还有很多的方面,不管哪个方面,只要做了,就尽量做精做透,这样收获才会最大。嗯,这样说好像有点虚,我还是给你举例来说吧。

"比如说,我自己学习英语的经历。"

7.2 李大鹏的英语经

"我的英语底子其实很差。我们那个时候是从初一——也可以说是现在的七年级——开始学习英语。因为我老家是在一个小乡村,可以说整个乡里除了英语老师没人懂英语,而惟一的英语老师水平也很一般,只会讲语法。除了课本和统一的《学习指导》,没有其他的英语读物。所以我的英语学习就是背背语法和单词,在我们学校里面我还算学得比较好的。但是进了高中,来到胡州一中,就不行了。班上的同学很多从小就学习英语,而且阅读和听说的环境都比较好,不管是单词量、阅读量、听说量还是发音都比我强,考试成绩也是如此。这一下英语就成了我最差的一科。

"后来好不容易赶了上来,进入大学,那就更不一样了。北京那个地方,那些来自沿海地区的同学,英语那叫一个好,在国外待过的也不在少数。还有的同学大一的时候就可以去一些

第7章 学习的第三原则：贵精不贵多

英语学校做兼职老师，教什么剑桥少儿英语之类的。这下英语又成了我最烂的一科。

"但是，这两次落后，最后我都基本赶上来了。最先赶上来的是英语考试的成绩，其次赶上来的才是英语的实际运用能力。这跟我长期给别人讲学习方法有关。我们学英语最重要的当然还是为了实际运用，不过你现在没多少时间了，我只能先跟你说最直接最快速的——怎么样快速把英语成绩赶上来。实际上，这个方法在其他科目上也是一样可以用的。

"太难的题目不要做——这是我们学习的第一原则。如果一段听力材料你几乎一个单词都听不懂，一段阅读材料里面全是不认识的单词，那么，翻来覆去地听和读既耗费时间，也收效甚微。

"做简单一点的——但也不是说高三了还要去做初一水平的阅读理解——应该是稍微有点挑战性，需要动脑筋去思考的。这个程度需要自己去感觉，别人是不知道的。我们也不要怕感觉不准——这个难易程度的弹性很大，有时候稍微难一点的或者稍微简单一点的也一样做，都会有好处。偶尔做一篇特难的或特简单的，也不会有坏处。只要自己心里知道太难的可以不做，就可以了，不要像在超市购物一样挑三拣四。还是要把主要精力放到解题而不是'选题'上。

"这个道理想必你已经知道了。今天真正的问题是：当我们面临着这样一道不是太难同时又有一定挑战性的题目的时候，我们该怎么办呢？

"答案很简单：做，做透！

"很多人会做题，但是不会'做透'题。这便是他们做了很多题却始终成绩难以提高的原因。因为对一道题目没有'做透'，所以体会不深，收获有限。走马观花一样地做十道题，不如认真地吃透一道题。

"那么，怎么样才算把一道题'做透'呢？我举我学习英语的时候做阅读理解的例子。我做英语的阅读理解，绝不是看完文章选完ABCD就完了，而是要分为四个步骤来慢慢地把它吃透。

"第一步，是先看问题。问题下面的选项可以稍微扫一下，不用认真看。这样做的目的是快速了解整篇文章的大概意思和考点。也就是说，你把阅读理解后面的问题看完了之后，基本就知道这篇阅读理解在讲什么了。因为有的阅读文章它的写作方式不是"开门见山"式的，往往会先闲扯两句，然后慢慢地导入主题。很多人上来先看文章，一看开头，看不懂，不知道作者想要说什么，然后就晕了头，后面的内容也就跟着糊里糊涂起来。所以我们先看题目，知道全文大意和考点，即使看文章的时候有些地方看不懂，也影响不大了。

"这个第一步，也符合我们前面讲过的'系统学习'的思想——先整体后局部，从大到小进行理解。这样有助于我们在

第7章 学习的第三原则：贵精不贵多

阅读中保持清晰的思路。

"第二步，就是认真地把全文阅读一遍，然后做题。

"这前面两步，是我们做阅读理解的常规步骤，在考场上，按照这两个步骤来就不错了。完成这前面两个步骤，每篇文章需要用的时间大概是12分钟。

"但是，在平时练习中，这样做就收效不大了。因为只阅读一遍，看个半懂不懂，糊里糊涂地选择几个选项，然后对一下答案。这样我们花了时间，实际上没有什么收获。花了很多时间做了很多英语题目，却还是停留在原来的水平，这个时间花得'不值'，没有效率。

"所以，我在平时练习中，就要求自己：既然做了一篇，就要吃透一篇，理解一篇，收获一篇。这样即使在某一篇文章上花的时间多一些，效率却比流水一样做很多篇阅读理解要高得多。这正是我的英语成绩能快速进步的秘诀。

"怎么个多花时间法呢？

"第三步，要对照参考答案。但是不能简单地知道正确答案就完了。对于自己做错的题目，包括那种没有把握但是'蒙'对了的题目，我会认真地去对照原文，理解清楚为什么这个选项才是正确的。这个过程，就是再重新阅读文章和理解题目的过程。

"第四步，在把问题都梳理清楚以后，我们要再回过头来认真地读一遍文章。这个时候可以查英汉词典，理解一些生词的意思。不过，不要把这些生词记下来，太多了。在此基础上，保证自己把这篇文章的每一句话都彻底理解了，把每一句话的意思和语法结构都弄清楚了。当然，也要把全文的写作思路理清楚。如果能在脑海里把全文的梗概梳理一遍，就闭上眼睛回忆；如果不行，就应该用我们的体系图，帮助自己把全文脉络梳理出来，就像我们梳理那篇'ENGLISH AROUND THE WORLD'一样（注：参见本书第4章4.5和第5章5.2的内容）。

"这样四个步骤下来，我们对于这一篇阅读理解才算彻底吃透吃通了。这样，本来12分钟就可以搞定的一篇阅读理解，可能要花差不多半个小时。但是，这比我们花半个小时做三篇阅读理解的效果要好得多。因为你真正收获了、进步了。按照这个方法，每天哪怕只做一篇阅读理解的题目，一两个月坚持下来，我们的阅读能力必然会有很大的提高。

"由于阅读是英语学习的核心，通过阅读可以加强对单词和语法的理解记忆，对改错、选词填空、写作也大有裨益。而且，阅读理解也一直都是各种英语考试中所占分数最多的题目。所以，这个方法也是我快速提高英语成绩的核心方法。我曾经把这四个步骤教给很多同学，只要能按照这四个步骤做下来的，一两月之内，英语成绩基本都有很大的起色。"

7.3 贵精不贵多

"那我做其他题目也要分这么四个步骤吗?"

"那倒不一定,关键不是分几步。关键是不能做完就完,要对照答案反复的体会,直到自己把这道题目的解题思路完全理清楚为止——这就叫吃透了。检验的标准,就是看自己能不能闭上眼睛在脑海里把题目从内容到解题过程梳理一遍,或者在纸上画出解题思路图出来。

"比如英语的听力。首先——第一原则——压根听不懂的就别管了,说明你的基础太差,需要找更简单一点的来开始练习巩固;其次,对于能听个大概,或者觉得自己虽然听不懂,但里面的单词似乎并不难的,那么就要反复地听,直到把内容听清楚为止。

"怎么叫听清楚呢?也不是每一个词都完全弄明白,就是自己闭上眼睛,能够粗略地在脑海中复述出听力的内容,这就算听清楚了。同一个内容反复听几次,直到把它听清楚;或者是把不同的内容都听一次,但没有一次真正听明白。这两种方法,时间差不多,但效果差得很远。前者的效果远远好过后者。

"这是英语,再比如别的科目……"

"等一下,等一下。"赵璐打断了李大鹏的思路,"先别说别的科目,这个英语我还有个问题。刚才你说,阅读理解当中的生词可以查字典,但是不要背下来,为什么不要背下来呢?这样下回不就认识了吗？"

"英语单词很多，课本上没学过的太多了，经常用的也有好几千。这些单词你在某篇文章看到就想把它背下来，不可能记得牢，也没有必要背。一般来说中高考的英语阅读都要求生词量控制在3%以内，而一般一篇文章——除了人名和地名——生词量不超过5%，都是可以基本读懂的。所以我们通过做阅读理解，要把课本上学过的单词反复地巩固熟练，做到理解起来完全没有障碍，这样就行了。不应该去背诵那些偶尔看到的没有学过的单词。"

"那为什么你说阅读理解要把每一句话都理解，而听力却说不要求把每一句话都听懂呢？"

"这个东西嘛，哈哈，刚才我说的也有点绝对。阅读理解也不是100%的每一句话都要读懂，偶尔有特别难而又和后面的问题一点关系都没有的长句子，也可以不用彻底读懂。听力嘛，因为难度比阅读更大，所以要求就更低一些。这个都不是最主要的，我也就是说个大概。你别把我的话当成教条，一点不能变，关键还是把我的意思理解清楚了就好。活学活用嘛。"

"好吧，我就来活学活用。你的意思就是说，做数学题，也不能做完了就完了，要去对照参考答案，检查对错。然后还要再回过头来重新把解题思路给梳理一遍，看看能不能在脑子里面想清楚；想不清楚的，看看能不能在纸上用你的系统图给画

第7章 学习的第三原则：贵精不贵多

出来。只有这样，才算吃透了。是这个意思吧？"

"不错不错，就是这个意思。你最近确实进步很大，很多问题已经一点就通了。"

"可是按照你的方法，我在做题的时候就已经画了一遍图了，为什么做完了还要再画一遍呢？"赵璐还是有疑惑。

"我教你的画图，尤其是解题的图，并不需要画得清清楚楚详详细细，关键是帮助你引导解题思路——就有点像我们做题的时候在纸上打草稿一样。难度大点复杂点的题目，就慢慢画，画细致点；简单点的题目，就快点画，甚至不画，在脑子里面想清楚就行了。

"这个最后再画一下思路图也是一样的。如果你做题的时候就画清楚了，最后自己闭上眼睛想一下就行，并不需要画第二遍。如果你第一遍没有画清楚，最后再来复习巩固，把它彻底画清楚，这样才有助于我们真正'吃透'这道题目。"

"这两次画的图是一样的吗？"

"本质上说，是一样的。第二次最后梳理的时候应该比第一次更清楚，对吧？"

"哦，这样，我知道了。"

"刚才的举一反三是说的数学。那现在你再想想，政治历史这样的题目是不是也是这样呢？"

"是啊，也是不能做完就完了，要对照参考答案，然后再把解题思路梳理清楚，比较复杂的还要在纸上画出来。对吧？"

"说得很对。"李大鹏满意地点点头，"具体一点说，一道文科类的题目，也可以分为以下几步：

"第一步，自己把答案写出来了。

"第二步，看一下参考答案，和自己的回答做对比。由于文科的主观题回答方式是多种多样的，参考答案并不是惟一的回答方式。我们主要对比的是得分点而不是具体的表达方式。看看答案里面有哪些点我们回答漏了，有哪些点我们答偏了、答多了。然后自己归纳一个既能包括所有得分点，又符合自己表达习惯的答案出来。

"第三步，闭上眼在脑海里梳理一遍或者画出解题思路图来。

"最后，我自己在学习的时候，对一些自己认为很重要或者对自己很有启发的题目，还会把答案背诵几遍。这个背诵也不是精确得一字不差地背诵，也是根据解题思路图有条理地背。

"只要能经常用这几个步骤来做一些题目，那么文科成绩也会很快提高的。"

7.4 举一反三：读书的三个境界

赵璐一边听，一边点头，还时不时在纸上记下李大鹏的思路和一些关键词。李大鹏赞许地点点头，笑着继续说：

"其实这个原理，也不仅限于做题，我们学习的整个过程都

第7章 学习的第三原则：贵精不贵多

要坚持这个'贵精不贵多'原则。

"比如看书的方法。我前面给你说过了，除了一些休闲娱乐的书以外，看书的时候手边都应该有纸和笔，要边看边记边勾画。看完一个部分，要合上书自己闭上眼睛回想一下这个部分的大概内容，最后还要用我们的体系图来梳理书中的知识结构。用这样的方法把一本书精读细读，彻底读透。这比走马观花地看四五本书都管用——当然，前提是这本书是本好书。

"我以前出过一些关于学习的书，内容各不相同。但是这些书里面只要谈到读书，我都会详细地介绍'三遍读书法'。因为我觉得它太重要了，一个人要是真的能坚持使用这个方法来读书，一定会受益终身。"

"受益终身就先别管了，先让我受益高考就行了，呵呵。等我考完了你再让我受益终身吧。"赵璐笑着说。

"不谋万世者，不足谋一时；不谋全局者，不足谋一域。懂吗？"

"不懂。"

"能让你受益终身的东西，自然会让你受益高考。从长期来看没有益处的东西，在短期也不会真正给你带来什么好处。比如很多所谓的'学习方法'，眼睛就盯着高考试题，告诉大家用什么样的技巧去破解这些题目。这个就是急功近利的方法，看起来好像很直接，但真正成绩不好的人是底子差，是基础知识没有学好，不能熟练运用，或者说是思维模式不对，不善于梳理知识体系和题目思路。如果没有把这方面的底子补上来，片面地去学习一些解题技巧，只是浪费时间，甚至可能误入歧途。

"从基础知识和思维模式着手巩固加强，这才是从全局和长远的角度来解决问题。这种方法，长期来看有好处，短期来看也有好处。只是时间长一点，你的进步会大一些；时间短一点，进步会小一些，但不管时间长短，都比只盯着高考试卷来看的方法管用。

"所以说啊，三遍读书法，是一种能让你受益终身的方法，也就是一种能让你马上就受益高考的方法。我以前是没有给你说过'三遍读书法'这个名词，但在给你制定计划怎么看历史书政治书数学书的时候，就是用这个方法来教你的。"

"好嘛，那你讲吧，我听着。"

"所谓'三遍读书法'，并不一定是一本书只能读三遍，多一遍少一遍都不行。关键是要记住它的中心思想——贵精不贵多。

"**第一遍：整体浏览；第二遍：重点理解；第三遍：综合记忆。**

"就是说你看书，或者看书中的某一章某一节的时候，先不必追求把每一句话每一个知识点都一次搞清楚，对于特别难的可以暂时一扫而过。这一遍就是把大概内容看懂，知道这个部分讲了些什么，就行了。——这个是第一遍，也可以说是我们

第7章 学习的第三原则：贵精不贵多

看书的第一个境界。

"整体浏览之后，如果就此打住，那么你能从书中吸取的东西是很少的。还需要再次阅读，这个时候就要去细细地把握书中的重点、难点。这一遍就可以跳着看，挑着看，把书中一些不同的部分结合比较起来看。这样下来，你对重点难点就算基本掌握了。——这是第二遍，也可以说是第二个境界。能够把书看到第二个境界，就算很不错了。

"但是，达到这个目标还不够，还要最后综合一下，梳理本书，或者书中的某一章节的知识体系，把思路彻底理清楚。在此基础上把那些有用的知识点背诵下来。——这是第三遍，也可以说是第三个境界。读书能读到第三个境界，那就真的是读一本通一本，属于读书高手的行列了。"

7.5 学习方法的三个境界

"呵呵,你这个'三遍读书法'好像跟你前面教我的看书方法差不太多哦。"

"是啊,只要你真的体会好了'贵精不贵多'的思想,就可以自由地根据不同的情况对具体的方法做一些变化,但不管怎么变化,主要的东西还是一样的。"

"可是我怎么变化呢?我觉得能把你说的那些方法做到就不错了。我要是自己变,万一变错了就麻烦了。"

"哈哈哈,不用担心这个。我跟你说吧,读书有三个境界,运用学习方法也有三个境界。"

"跟读书的三个境界一样的吗?"

"不一样。运用学习方法的**第一个境界,是模仿**。

"这也就是你现在做的——照着我说的方法做。我的方法有很多人用过——包括我自己,都取得了很好的效果。这说明它确实有值得学习的地方。如果对自己现在的学习方法不满意,那就先照着我说的一步一步地去做,看看效果如何。

"模仿的好处是容易上手,拿来就用,方便快捷。如果以前总是学习不得法,这种模仿往往会产生立竿见影的效果,一下子让你的学习进一大步。

"**第二个境界,是个性化调整**。

"要想在模仿的基础上再进一步,就得自己开动脑筋,做一

第7章 学习的第三原则：贵精不贵多

些调整。把别人的方法拿过来用上一段时间之后，你才能体会到这些方法哪些适合自己的具体情况，哪些不太适合，慢慢地做一些调整。这样，就可以找到适合自己的学习方法了。

"第三个境界，就是融会贯通。

"等你把学习方法调整好了，运用熟练了，见过的学习方法也多了，你就慢慢发现，其实这些方法很多都是大同小异的，虽然看起来千变万化，里面的基本规律都差不多。等你把这些规律彻底理解了、吃透了，那就可以灵活运用、自由变化；不管遇到什么新情况新知识，都可以兵来将挡、水来土掩，可根据自己遇到的特殊问题创造出很多独特的学习方法和技巧出来。"

"呵呵，我就别指望第三个境界了，能做到第二个就不错了。"

"慢慢来吧，不着急，把每一步都走踏实了，境界自然会逐渐提高的。你这过去一个多月，通过模仿，已经进步很大了。接下来要做的，应该是继续模仿。把模仿的功夫做到家，自然就知道怎么调整了。还有一个多月的时间，你把第一个境界做好，就足够了。

"不要把高考看成是学习的终点，而要把它看成一个新的起点。有了这样的看法，我们就不会抱着急功近利的思想去干一些投机取巧的事情，在一些花里胡哨的'窍门'、'秘诀'中浪费时间。踏踏实实把看书做题的基本功做扎实，因此而取得的进步，将会比你想象的还要大。"

7.6 尾声

讲完了所有的方法之后,距离高考还有一个来月。李大鹏继续带着赵璐按照他所讲解的学习思路进行最后的冲刺。即使有了好方法的指导,对赵璐而言,这仍然是一个辛苦的充满挑战的过程。

最后的结果是令人满意的,赵璐也考到了北京。等到九月份开学的时候,李大鹏也正好结束挂职返回北京,便带着她一块去。

在火车上,赵璐问:"老叔啊,我的高中学习,你的任务算是圆满完成了。对大学的学习,你有没有啥新的建议?"

"首先,咳……咳……"李大鹏笑着咳了两声,"高中的学习不能算圆满完成,你要是早点开始按照正确的方法学习,而不是等到最后三个月,你可以考得更好。其次,大学的学习,其实和高中也没啥两样,你只要记住了我讲的这三大原则,学什么都是一样的。所以,我没有什么新的建议了。"

"呵呵,那照你这样说,我是不是该回去复读一年,明年争取再考好点进个什么北大清华什么的?"

"即使不复读,你也有可能进入北大清华的。将来毕业的时候,可以工作、读研,甚至到国外的名校学习,总之机会多多。高考不是终点,它是一个新的起点。你已经尽了最大的努力了,也得到收获了。现在继续朝前看吧,前面还有很多更精彩的东西在等着你。"

……

附录5　全书总复习

看完一本书之后，对全书内容进行一下回顾、总结和梳理，是一种很好的学习习惯。它可以帮助我们加深对全书内容的认识和记忆。现在，就让我们拿本书来做一个实验，看一看这一着到底效果如何。

首先，按照"从大到小"的方法，本书讲了什么？很简单：学习方法。这是第一层的总结。

再往下细分：讲了哪些学习方法？这个时候就需要回头来看一下目录了。很容易发现，目录中突出了学习的三个原则：**第一原则，从简单的地方开始；第二原则，把握规律，系统学习；第三原则，贵精不贵多。**

你看，作者洋洋洒洒写了十多万字，其实就说了这么三句话。我们一总结，全书的内容就一目了然了。

再往下细想：虽然只讲了三个原则，全书却分成了七章而不是三章。那么另外四章是讲什么的呢？

第1章是开场白，不用管它。

第3章虽然在讲记忆方法，实际上是为了后面的"学习的第二原则"做铺垫，通过记忆方法说明"把握知识之间规律"的重要性。而第6章"解题的规律"实际上也是在运用"学习的第二原则"来解决解题的问题。所以，第3章、第4章、第6章，都是在从不同的方面来讲如何"把握规律，系统学习"。

第5章比较特殊，讲了根据不同的水平规划学习任务和如何利用时间，这个和第一原则是密切相关的；"看书也有讲究"则主要是和第二个原则关系比较密切，所以我们要把它分开来看。

这样一梳理，全书的思路就非常清晰了，我们可以画一张简单的全书知识结构图出来。

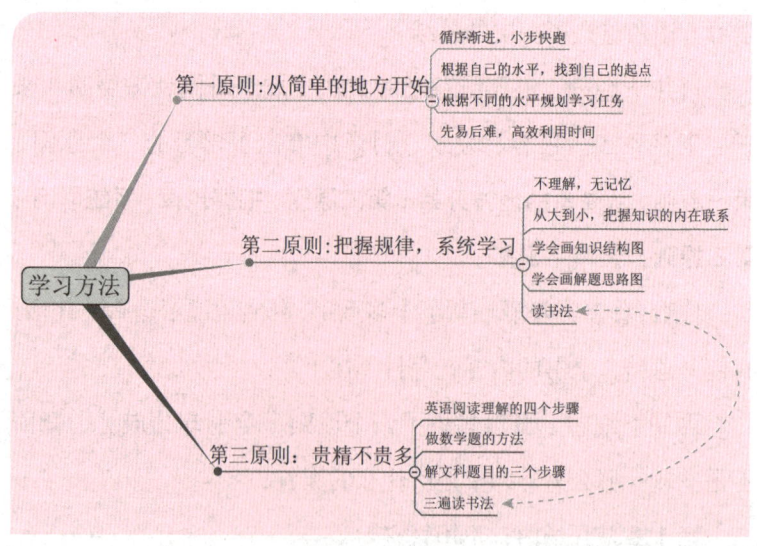

（注：本图只是一个简单的体系图，并非最佳答案。为了给读者留下更多的发挥空间，作者故意把第三个层次归纳得有些凌乱。比如，"第二原则：把握规律，系统学习"的下一级目录

可以归纳并修改为"记忆法、学习法、解题法、读书法",然后把具体的内容放到更下一级的层次中去,这样就更加整洁和容易记忆。建议读者根据自己的理解把后面的层次加以修改、整理和补充。)

那么,当我们把这个图画出来之后。如果有人问这本书都讲了些什么,我们就不会零零碎碎地说一些片段,比如怎么背诵柳永的词或者怎么翻译周杰伦的歌词等等。我们会说:

"这本书是介绍学习方法的。讲了学习方法的三个原则:第一个原则是从简单的地方开始;第二个原则是把握规律,系统学习;第三个原则是贵精不贵多。

"第一个原则是说不要在太难的问题上浪费时间,要从自己的实际水平出发,做一些简单的但有点挑战性的题目,既有乐趣又有进步。这样是进步最快的⋯⋯

"第二个原则说的最多,讲了要先彻底理解,然后用通过把握知识的内在联系,来实现高效的记忆、读书和解题⋯⋯

"第三个原则说的是⋯⋯"

这样一来,我们是不是觉得思路清楚了很多呢?对全书的理解和把握是不是更到位了呢?对这些学习方法的印象是不是更深刻,更不容易忘记了?如果我们读完每一本自认为有价值的书之后,都这样回顾和梳理一遍,我们的学习效率一定会有极大的提高。

后 记

讲到这里,这本书的故事算是圆满结束了。

在本书完稿之际,要特别感谢广大读者朋友一直以来对我的支持。大量的读者来信给我的鼓励以及提出的各种问题,让我不停地反思和进步。在写作思路遇到阻碍的时候,我会打开一些读者来信,或者去各大图书销售网站看一看对我的书的评论,然后就会觉得受到极大的鼓舞,更加努力地写下去。

此时,距离我的《学习改变命运》出版已经四年多了。作为一本学习励志书,它阅读起来比较轻松,很受欢迎,但在学习方法方面介绍的不多。长期以来,我一直希望能写出一本能与它配合得比较完美的学习方法书。

在经过两年多的探索以后,我出版了《高考状元的屠龙宝刀》这本书。由于学习方法比心态励志更实用,操作起来更容易看到效果，此书在一些图书网站上获得的读者评价甚至比《学习改变命运》还高。但它侧重学习方法的理论讲解，难度较大，内容也不够生动，低年级的同学并不是很容易理解和掌握。

为了弥补这方面的不足，我又出版了《系统学习完全工具》，加入了大量的例题，配上我自己讲解这些例题的视频，以解决学习方法的书看起来比较枯燥的问题，并分为初中版和高中版来解决不同年级理解能力差异的问题。但是这套工具内容很多、体积庞大，有好几公斤重，也很难像《学习改变命运》那样薄薄的一本，谁都可以随手拿来翻一翻。

希望这本《学习高手的三驾马车》能成为一个很好的综合：它比《高考状元的屠龙宝刀》更加通俗易懂，比《系统学习完全工具》更加轻便简洁，而又保留了二者的精华。当然这只是我在写作本书时给自己设定的一个目标，至于这个目标到底有没有实现，还要由读者朋友们来评价。

高年级的同学以及老师家长如果觉得本书内容不够系统和深入，建议阅读《高考状元的屠龙宝刀》第一部分和第二部分作为补充。这两个部分的主要内容可以在我的新浪博客上找到，也欢迎各位到我的博客与我交流：

http://blog.sina.com.cn/xiaopengjiaoyu

把学习方法写得轻松愉快、透彻实用，而又不流于浅薄和急功近利，一直都是我的理想。这本书不会是一个终点，我会继续根据自己学习、讲课的实践,以及通过各种渠道得到的读者反馈,来不断完善和改进本书。

  我的电子邮件地址:LXP1982@sina.com

  谢谢您阅读本书!

李晓鹏

2010年1月1日星期五于英国剑桥